山东大学儒学高等研究院科研成果
山东大学曾子研究所科研成果
曾子研究院科研成果
曾智明"曾子学术基金"科研成果

汉字中国

曾振宇 主编

Chinese
Characters

大同

翟奎凤 刁春辉

著

华夏出版社
HUAXIA PUBLISHING HOUSE

图书在版编目（CIP）数据

大同 / 刁春辉，翟奎凤著 . -- 北京 ： 华夏出版社
有限公司，2025. -- （汉字中国 / 曾振宇主编）.
ISBN 978-7-5222-0881-7

Ⅰ. H12-49；K203-49

中国国家版本馆 CIP 数据核字第 2025ZF5407 号

大同

著　　者	刁春辉　翟奎凤	
责任编辑	李春燕	
责任印制	周　然	

出版发行	华夏出版社有限公司	
经　　销	新华书店	
印　　装	三河市万龙印装有限公司	
版　　次	2025 年 6 月北京第 1 版	
	2025 年 6 月北京第 1 次印刷	
开　　本	880 mm×1230 mm　1/32	
印　　张	7.375	
字　　数	160 千字	
定　　价	49.00 元	

华夏出版社有限公司　地址：北京市东直门外香河园北里 4 号　邮编：100028
网址：www.hxph.com.cn　电话：（010）64663331（转）
若发现本版图书有印装质量问题，请与我社营销中心联系调换。

序

　　《汉字中国》丛书即将付梓，主编曾振宇教授嘱我在书岢写几句话。我认为"汉字中国"是个好题，丛书的出版是件好事，摆到读者面前的是一套好书，振宇教授美意岂能却之？遂谨献鄙意如下。

　　首先我想说，这是一套什么样的丛书。显然，它不是研究中国文字的学术丛书，而是在文字研究基础上通俗地讲述中国自有的文化哲学体系中一批重要概念的著作，是一套把汉字与它所承载的哲学概念如何紧密地融合起来这一独特的现象呈现出来的创新之作。

　　丛书的编著者们认为"中国本土哲学与文化形态中的概念、文字和词语是中国哲学与文化的'结晶体'"。这是一个含义很深邃又很形象的比喻。这就意味着《汉字中国》将对中国哲学与文化的概念进行深入解读，探索其内涵和外延，从而发掘、展现中华文化与其哲学的精神、品质、性格的独特性，消解中国哲学与文化之双足只穿西方哲学之鞋履所带来的误解、困惑与尴尬。反过来看，通过对中国哲学与文化的认知和体验，又可以明了并深化对这些汉字形音义的来龙去脉、衍生变异以及遗存、渗透在现代汉语词汇中的文化基因的认识。或许这也是本套丛书冠以"汉字中国"之名的用意所在吧。

诚然，《汉字中国》所分析、论列的，大多是日常所用的字词，有些即使是"专门"词语，也已经为越来越多的人所习见；但是，由于种种历史的、社会的原因，今人也常常与这些字词的深意若即若离。而如果忽略了汉字在数千年传承、延绵、孳乳、变异过程中沉淀于后世语言形式里的传统文化意义，就会冷淡了中华文化的特性，很可能语言／概念发生"漂移"现象，不得已时只好乞灵于异质文化，从而难以形成阐述中华文化的中国话语体系。

"结晶体"这样一个形象而很有意趣的比况，更会引发读者的遐想：在这个"结晶体"里面，有着丰富多样的微观世界，中国文化的种种现象和思想都在有序地存在着、排列着。由此可以想见，《汉字中国》的筹划、酝酿、研究，用心良苦矣！我不由得又想到，《汉字中国》的影响所及，可能并不仅限于人文社会科学、哲学领域，即使在构建科学技术伦理、自然语言处理、人机对话、中外语言互译，乃至人工智能等领域，似乎也可以参考一下吧。

话说得远了些，就此搁笔。

忝谓之"序"。

2019 年 8 月 22 日

汉字
中国

◆

大同

**目
录**

大同儒学论

　　新文化运动已有百年，回首百年前，我们看到儒家在那个时候遭到有史以来最强烈的批判。在很多人看来，"打倒孔家店"意味着对儒学乃至整个中华文化的全盘否定。当然我们也可以说，他们所批判的是异化了的儒家，即作为宗法社会、封建礼教的儒学，异化、僵化了的礼教在那时被攻击为"吃人的礼教"。

　　在近现代思想文化的语境下，礼教几乎成了儒教的代名词，成为众矢之的。然而儒家思想体系是非常复杂的。一个比较有趣的现象是，在儒家礼教不断遭到猛烈攻击的同时，《礼记·礼运》所载"大同"思想却异军突起，为各派思想家乃至政治家所共同推崇，儒家的大同理想与社会主义、三民主义、世界主义、共产主义等进步社会思潮交相呼应，有力推动了中国近现代社会的改革与进步。

　　过去有人认为，宗法制是儒学生存的社会基础，宗法社会解体了，儒学也就没有生命力了。实际上，这种观点是非常错误的，对孔子儒学的认识极其片面而肤浅。固然，儒家重视血缘亲情，重视家庭伦理，但是与社会群体相比，儒家无疑更重视社会这个大家庭的整体利益，儒学的理想境界已超越血缘亲情，而指向社会和人类的存在。正因为此，儒家一直歌颂大禹治水"三过家门而不入"的克己奉公、舍小家为大家的精神。《礼运》所说"大道之行，天下为公"，这种"公天下"的精神是儒家伦理的根本旨趣，激励了历代仁人志士为天下大同而奋斗。

为什么儒家会给人以强烈的宗法性呢？这主要是因为孔子儒学形成于宗法封建社会，其继承的主要经典文献即六经也有着很强的宗法性。孔子于六经是"述而不作"，他的思想主要体现在"传"中，如《易》有《易传》，《春秋》有三传；三礼中，《仪礼》是经，《礼记》相当于传。从这些传来看，孔子思想深处已经突破了宗法观念，这一点突出体现在《礼记·礼运》中。孔子说："大道之行也，天下为公。选贤与能，讲信修睦，故人不独亲其亲，不独子其子，使老有所终，壮有所用，幼有所长，矜寡孤独废疾者皆有所养。男有分，女有归。货恶其弃于地也，不必藏于己；力恶其不出于身也，不必为己。是故谋闭而不兴，盗窃乱贼而不作，故外户而不闭。是谓大同。"与大同相对的是小康，"今大道既隐，天下为家，各亲其亲，各子其子，货力为己，大人世及以为礼。城郭沟池以为固，礼义以为纪；以正君臣，以笃父子，以睦兄弟，以和夫妇，以设制度，以立田里，以贤勇知。以功为己，故谋用是作，而兵由此起。禹、汤、文、武、成王、周公，由此其选也。此六君子者，未有不谨于礼者也。以著其义，以考其信，著有过，刑仁讲让，示民有常。如有不由此者，在势者去，众以为殃，是谓小康"。显然，"天下为公"时，宗法制、世袭制都是不可能存在的。"天下为家"是以个人为中心、家族为本位，为私利而争夺斗争的时代。"各亲其亲，各子其子"，到"不独亲其亲，不独子其子"，人生境界上有着质的飞跃。

夏商周三代约两千年是宗法家天下社会，血缘关系决定着利益分配，孔子称禹、汤、文、武、成王、周公为"六君子"，他们的共同特征是"谨于礼"，靠"礼义"来维持社会的差序等级与人伦关系。秦始皇实行郡县制，废除宗法分封制，官僚制度在一定意义上体现了"选贤与能"的精神，这是历史的一大进步。但是最高统治者帝王仍然是世袭的，这一直到晚清，也是两千年左右。到了民国，"大人世及以为礼"的帝王世袭制最终完结。在漫长的历史中，礼教制度确实与宗法制有着密切关系，所谓"孝治天下""移孝作忠"在一定意义上也是宗法制的变相体现。因此，百年前新文化运动先贤对礼教的批判，对我们重新认识儒学的真精神、重新认识"礼"的正面价值还是有着积极意义的。

《礼记》在历史上对儒学的自我革新有着重大推动作用，《大学》《中庸》在宋代从《礼记》中独立出来，成为宋明理学思想创新的根本经典资源。但是长期以来，《礼运》篇在古代并没有受到应有的重视，很多儒者甚至认为这段话是墨家、道家的思想，跟孔子没关系。《礼运》篇这段话明明白白写着"孔子曰"，要说与孔子没关系，恐怕是疑古过勇了。古代儒者囿于其时代，确实难以理解、深入诠释孔子的大同思想。在近现代中国融入世界的新格局下,《礼运》大同思想一次又一次被推到历史的浪尖上,从康有为、熊十力,到孙中山、李大钊等,这些思想家、政治家无不对大同思想推崇备至。《礼运》大同思想的崛起,是历史的选择,正如《大学》《中庸》对宋明新儒学,大同思想对今天儒学的创造性转化与创新性发展,有着一样的重大意义。晚清以前儒学的历史展开,我们可以称之为小康儒学,那么现代新儒学,可以说是大同儒学。大同儒学以社会、天下为本位,因此它与社会主义、世界主义有着很强的共鸣,这是马克思主义之所以能在中国产生重大影响的深层次原因。马克思与孔子在理想社会的追寻上有着很强的相似性,这一点郭沫若在 1925 年所写的《马克思进文庙》中也有深刻揭示。

大同儒学应以个人、社会、天地为儒学的三个重要维度,以整体性、贯通性、中和性为原则,寻求三者的统一。个人要有"独立之精神,自由之思想",要有"三军可夺帅也,匹夫不可夺志也"的浩然气概,这种"士"的人格意志和精神修养在儒学中有着丰富的资源。但是儒家的独立自由,要与社会、天地协同,不是个人主义,要在个人与社会群体之间寻求一种中道和谐。大同儒学要有天地维度,要有冯友兰所说的天地境界,要能尽性、知命、知天,能参天地、赞化育。个人、社会、天地根本上是一个贯通的整体,宋儒说"仁者浑然与物同体",这种万物一体的精神也可以说就是大同儒学的哲学本体论基础。中国古代很多字的内涵可以从与其读音相近的字来相互揭示，"同"与"通""统""公""中"读音相近，意义也有相通性，大同在思想上与天下大通、大一统、大公、大中之道可以相互贯通来理解。大同儒学以社会、天下为本位，跳出了狭隘的血缘种族利益至上的观念，世界大同、天下太平是其根本指向。我们今天所说的中华民族的伟大复兴这个中国梦不仅是民族梦，也是世界梦，中国与世界的命运从未像今天这样密切联系在一起，和平崛起的中国自觉地担负着世界大同、天下太平的使命，这是儒家所塑造的中华文化的内在理念所决定的。

目前，关于"命运共同体"话题的讨论很多，但很少有从哲学思想的高度来揭示其与中华传统思想文化内在密切关联的。实际上，《礼运》大同思想可以说是人类命运共同体意识最早的古典表述。中国的古典思想认为，整个宇宙间的事物是一个相互关联的有机体，是一气流行，基于对"大道"的这种认识，也必然认定"天下为公"，天下是全体人民的天下，天下一体，只有美美与共、讲信修睦、合作共赢，才是人类和平发展的根本大道。

陈来先生《仁学本体论》在综合发挥古代仁说的基础上，创造性地提出儒家的仁体思想，认为一体、生生是仁体的两个重要向度。笔者认为，儒家的仁体思想必然指向儒家一直以来的"大道之行，天下为公"的大同社会理想，过去我们常把大同看作一种不可能实现的社会理想，是一种乌托邦。其实大同是人类社会发展的趋向，这种公天下的趋向也可以说是由仁体——一体生生之仁的本质所决定的，这也是人类命运共同体的必然抉择，仁本体是大同社会的哲学基础。我们可以把仁爱、自由、平等、公正、和谐看作大同社会的总体特征，这些特征在任何一个社会都会有或多或少的展现，也可以说都有大同因素，只是多少、高低的不同，因此没必要把大同看得高不可攀，我们本身已经在大同之中了，只是需要努力把大同的因素和程度更多更好地呈现出来而已。具体来说，需要从仁爱、自由、平等、公正、和谐这五方面来推动大同精神进一步展现在我们的社会生活中。儒家是一套情理交融的人文教化系统，从理上讲最重要的是一个"公"字，从情上讲最重要的是一个"爱"字，因此公正与博爱是大同儒学与大同社会的两个鲜明特征。

今天来反思儒家，我认为儒家是王官之学，是诸子之母，是中国文化的母体和根，广义的儒家是能包括道家及其他诸子的，这就是儒家的博大。"学"是儒家的首要精神。学什么？下学上达，无所不学，这就是儒家的博学精神，从自然科学到社会科学，从哲学到宗教都要学，所谓"博学之，审问之，慎思之，明辨之，笃行之"。儒家既有综合包容的精神，同时又中和时中。综合包容，就是包罗万象，很开放，没有门户，古今中外，都可以吸收，但儒家又不会泛滥而无归，归就归到中和、时中上，有理想又要切于当下的实际。因此，大同儒学是对小康的扬弃，不是对小康的完全否定。大同儒学所理解的大同社会在公与私之间寻求一种中和，"私"是公的一部分，但是消极的私、害公损人的私是需要化解的。大同儒学所追求的大同社会，是一与多关系的理想状态，一方面"多"即每个个体都能得到充分发展，另一方面"多"又不会导致社会的离散和分裂，有个统一的共识和约定来维系社会的一统。这样，传统儒家的大一统观念，我们可以予以重新积极诠释：每个个体是众多的"一"，但社会是大一，大一与小一互融互通，小一与小一之间也能够相互增进，多元而一统。

儒家的大同思想对我们思考当今中国与世界的很多现实问题仍有着重大意义，系统梳理古来关于大同的各种论述，再结合当今时代特征，我们可以发展出一套关于大同儒学的思想体系，这是实现儒家文化创造性转化与创新性发展的一个思考方向。

第一章

大同思想之初

探讨大同思想之前，有必要对"大""同"字的起源演进做一说明。"大同"一词重在"同"字。关于"同"字，其最早所见的甲骨文字形为 🔲，此字由上下两部分组成：上半部分为 🔲，这是一个"凡"字，代表众人夯地的多柄夯桩；下半部分为 🔲，这是一个"口"字，代表众人夯地时一起喊的号子。所以甲骨文的"同"字，其造字所要表达的意涵是众人在兴桩夯地时用号子统一用力的节奏。金文"同"字字形为 🔲，基本承续了甲骨文字形。篆文"同"字字形为 🔲，已经具备了现在"同"字的各种要素。东汉许慎《说文解字》说："同，合会也。从凡口。""凡，重覆也。""口，人所以言食也。"清代的文字学家段玉裁注说，"幬帐所以覆也"，"口皆在所覆之下，是同之意也"。从这里可以看出，"同"的本义是聚集会合，是一群人在一个帐子内吃饭或者说话，进而引申为大家有饭同食、有事共同商量的意思。

"同"字的演化

有关"同"字的较早的文献记载，可以追溯到《尚书·盘庚》所载"暨予一人猷同心"，其中的"同"是共同、相通的意思。《尚书》其他章节也有相关表述，如"九州攸同""四海会同"（《尚书·禹贡》），"同心同德"（《尚书·泰誓》）等。在《国语·郑语》中，有一句"和实生物，同则不继"，强调要重视多样性事物的和谐统一，"同"则带有一种排他性，要求整齐划一，有不容不同元素存在的意味。但是，《周易》睽卦中说"君子以同而异"，《周易·系辞下》也有"天下同归而殊途"的句子，虽然历代的解释不一，但大体上表达的是要注重与他人的关系，强调多元差异和宽容智慧，同时注意多元协同，要看到事物的整体性和一致性。

关于"大"字，甲骨文字形为 λ，像一个张开双臂双腿的人，其义是顶天立地的成年人。金文 $\uparrow$ 和篆文 $\uparrow$ 都承续了甲骨文字形。后来"大"由其本义衍生出各种意涵。"大同"中的"大"字主要是对"同"的性质的一种赞叹式的形容。

"大"字的演化

　　"大同"一词，最早出现在《尚书·洪范》中。《洪范》有"九畴"，就是大禹提出的治理国家必须遵循的九条大法，第七畴为"稽疑"，意思是说有重大决策疑惑难决的时候，要参考自己的判断、卿士的意见、百姓的看法以及龟卜和占筮所形成的卦象这五个方面的因素，"汝则从，龟从，筮从，卿士从，庶民从，是之谓大同"，就是说若这五方面的意见都一致，那么大家的判断都相同，这就是大同。显然，这里"大同"简单翻译为大家的意见都相同，还不是我们一般意义上所说的作为社会理想的大同。

　　《庄子》中也多次出现"大同"一词，如其外篇《在宥》说"堕尔形体，吐尔聪明；伦与物忘，大同乎涬溟"，这句话与《大宗师》所说"堕肢体，黜聪明，离形去知，同于大通，此谓坐忘"的意思相近，强调只有忘掉形体及自我观念上的固执成见，才能与大道之混沌相合，"大同"与"大通"意思也是相近的，都有物我合一、天人浑化的意味。与庄子这种天地混同的大同思想相似，《吕氏春秋·有始览》也说"天地万物一人之身也，此之谓大同"。这些都可以看作道家的大同思想，这种大同思想突出的是人与天地的通达和顺，与自然的合一。

　　对后世影响深远的作为社会理想层面的大同思想是在《礼记·礼运》中明确提出来的，在《礼运》篇，孔子描述了大同社会的美好景象，并遗憾自己未能躬逢其盛，后来"大同"就成了中国人表达理想社会的代名词。大同所代表的"天下为公""选贤与能""平等博爱"的精神深深影响了中国人的思想。其实，这种思想在《尚书》《周礼》《论语》《中庸》等经典中也都有体现，只是在《礼运》中得到了集中表达。春秋战国时期，诸子百家兴起，道、杂、农、兵诸家也都表达了自己类似的政治理想。

一、大道之行、天下为公：孔子的最高社会理想

作为本书的主题，我们所讲的大同思想主要是《礼记·礼运》中的大同思想，孙中山所崇尚的"大道之行，天下为公"这句名言正是出自此篇：

> 大道之行也，与三代之英，丘未之逮也，而有志焉。大道之行也，天下为公。选贤与能，讲信修睦。故人不独亲其亲，不独子其子，使老有所终，壮有所用，幼有所长，矜寡孤独废疾者皆有所养。男有分，女有归。货恶其弃于地也，不必藏于己；力恶其不出于身也，不必为己。是故谋闭而不兴，盗窃乱贼而不作，故外户而不闭。是谓大同。

这段话在《礼记》原文中记载是孔子说的，其背景是：有一次，孔子曾作为嘉宾参与鲁国蜡祭，蜡祭就是年终合祭与农业生产有关的百神的祭祀活动。祭祀结束后，孔子外出游览，登上高台，情不自禁，长叹一声。孔子的感叹，大概是为鲁国的国情而

发的。当时弟子言偃在一旁，就问道："老师您叹息什么呢？"孔子说："大道通行的时代，和夏商周三代杰出君主在位的时代，我都没能赶上，但内心深怀向往。大道通行的时代，天下为人民公有。民众推选有德行有才能的人为领导，彼此之间讲求诚信，和睦相处。所以人们不止把自己的亲人当作亲人，不止把自己的子女当作子女，社会使老年人可以安享晚年，壮年人都有适合自己的工作，幼年人能健康成长，那些鳏寡孤独和残疾有病的人，也都可以得到社会的照顾。男子都有职业，女子都能适时而嫁。对于财物，民众只是不愿让它任意扔在地上，不是自己想收藏；对于力气，人们生怕不是出于自己身上，尽力却不必只是为自己。这样，阴谋诡计就无从兴起，盗窃、作乱之事也不会发生，因此家家户户大门可以不关。这就是大同社会。"

孙中山手书《礼运·大同》

通过这一段描述，我们可以看出大同社会的基本特征：

第一，天下为公。关于这句话，有不同的解释，郑玄认为这里讨论的是天子之位的继承问题，"公"的意思与"共"相同，意味着天子之位不能私相授受，私传于子孙，这实际上是描述了尧舜时代的禅让制的情况。历代学者多承此说，认为五帝官天下，而不是家天下。到了现代，有学者基于西方社会学、人类学和马克思主义的研究成果，认为"天下为公"的意思是建立生产资料的公有制，反映的是上古时代实行没有私有财产的原始共产主义的情况。

第二，选贤与能。"贤"是有德行的人，"能"是有能力技术的人。选贤能之人，可以打破贵族的世袭制，让有能力的人脱颖而出。

第三，主张讲信修睦，以建立和谐健康的人际关系。"信"是人与人之间的正义，"睦"是人与人之间的爱，两者都是构建共同体所不可缺少的元素。

第四，不独亲其亲，不独子其子。有一些学者将这一条解释为儒家的一种博爱精神，认为这体现了个人对其他所有人都一视同仁、毫无分别的爱。其实这恐怕是对儒家仁爱精神的一种误解，儒家尊重在血缘基础上自然形成的亲亲之爱，认为这种爱出于自然天性，仁爱的情感基础首先在这种亲亲环境即家庭的环境中才能形成，但同时又不能过分沉溺于这种爱，要在自然之爱的基础之上进一步提升、扩展自己的这种爱，做到"不独亲其亲，不独子其子"，才是儒家之仁的目的。

第五，良好的制度和人民健康向上的精神最终会落实为一种描述性的社会状态，在这种社会状态中，老人有老人的位置，壮年有壮年的位置，孩子有孩子的位置，男女同样各得其位，每个人的价值都能够得到充分发挥，这正是孔子理想中的"老者安之，朋友信之，少者怀之"（《论语·公冶长》）。

同时，这样的社会没有奸谋诡计，没有战争，处于一种安定祥和的状态。

我们现在所说的小康社会，"小康"一词也源自《礼记·礼运》，孔子接着感叹说：

> 今大道既隐，天下为家，各亲其亲，各子其子，货力为己。大人世及以为礼，城郭沟池以为固，礼义以为纪，以正君臣，以笃父子，以睦兄弟，以和夫妇，以设制度，以立田里，以贤勇知，以功为己。故谋用是作，而兵由此起。禹、汤、文、武、成王、周公，由此其选也。此六君子者，未有不谨于礼者也。以著其义，以考其信，著有过，刑仁讲让，示民有常。如有不由此者，在势者去，众以为殃，是谓小康。

这段话的意思是：现在，大公之道隐退不显，天下为一家一姓所有，人们只对自己的亲戚好，各自爱其子女，对财物都想据为己有。天子、诸侯的宝座，时兴父传于子，兄传于弟。内城外城加上护城河，这被当作防御设施。把礼义作为根本大法，用来规范君臣关系，使父子关系亲密，使兄弟和睦、夫妇和谐；用礼义来设立制度，确立田地和住宅，表彰有勇有智的人，把功劳写到自己的账本上。因此，钩心斗角的事就随之而生，兵戎相见的事也因此而起。夏禹，商汤，周文王、武王、成王、周公，就是在这种情况下产生的佼佼者。这六位君子，没有不谨慎行礼的。他们用礼来表彰正义、考察诚信、指明过错、效法仁爱、讲究礼让，向百姓展示一切都是有规可循的。如有不按礼办事的，当官的要被撤职，民众都把他看作祸害。这就是小康。

"小康"一词，与"大同"相对出现，显然大同的社会发展程度要高于小康。大同是天下为公、高度公有的社会，而且人们在道德观念上都能打破自私自利，都有公心，没有私心。而小康在一定意义上说就是自私自利，各自为己，以自我和自己的家庭为中心。这时候就需要礼来维系社会，礼有约束性，一方面维护现有的私有制度，另一方面也对过度的私有观念和私欲进行限制，保持社会的一个基本的和谐稳定。以此来看，大同社会是不需要礼对人们进行约束的，因为人们在道德上都能高度自觉，以自私自利为耻，都能自觉地相互礼让。我们现在常说的全面建成小康社会，这里的"小康"意味着人民安居乐业，家庭的经济生活比较富足，这与《礼运》所说的"小康"虽有渊源但意义不同。

那么，孔子大概是在什么年纪说这些话的呢？一般认为是孔子在晚年所说，有可能是他周游列国回到鲁国后。《孔子家语·礼运》明确说此时"孔子为鲁司寇"，而孔子任鲁司寇在五十二至五十五岁之间，五十四岁的时候孔子为加强公室，打破三桓使鲁公权力架空的局面，开始"堕三都"，但最后失败了，五十五岁时被迫出走周游列国，那么如果《孔子家语》的记载可信，可以推测孔子的大同、小康之论当在五十二三岁准备"堕三都"之前，他的"天下为家，各亲其亲，各子其子"的感叹可能也有对三桓专权的不满。

《孔子家语》书影

《孔子家语》所载《礼运》篇，没有"是谓小康"四字，也没有把"禹、汤、文、武、成王、周公"说为"六君子"，因为在儒家的观念系统中，禹、汤、文、武、成王、周公都是圣王，是圣人，说成君子，明显有降格的意味。

《礼记·礼运》尊大同、贬小康的色彩很浓，甚至把禹、汤、文、武、成王、周公都降格为君子，这与传统的儒家观念似乎不协调。而《孔子家语》没有这个问题，没有大同与小康的对立，在文义上也没有像《礼记》所载那样造成礼制与大同的冲突，清朝有人认为此篇所记较《礼记》为优。不过因为学者多怀疑《孔子家语》古本早亡，现存《孔子家语》是汉末三国时期的经学家王肃伪作，如宋代学者王柏《家语考》，清代的姚际恒《古今伪书考》、范家相《家语证伪》、孙志祖《家语疏证》等都认为该书是伪书。所以《孔子家语》所载《礼运》一直没有得到特别重视，在汉唐以后的《礼运》讨论中也很少有对《孔子家语》版本的讨论。尽管在清代，已有学者认为《孔子家语》中所载《礼运》文本较《礼记》更符合儒家的原始意思，不过，总体上来看，几千年的学术史和政治史中，就影响力而言，《孔子家语》版本远远比不上《礼记》版本。

二、均平与和谐：儒家典籍中的大同思想

就社会政治思想意义而言，"大同"意味着"均平""太平""和谐"等多重含义。汉代经师郑玄解释"大同"的"同"为和、平。"同，犹和也，平也。"[1]也就是说"大同"就是"大和""大平"。唐代经师孔颖达认为："'是谓大同'者，率土皆然，故曰'大同'。"[2]意思即是说，疆域之内都是孔子所向往的理想场景才是大同。孔颖达在这里所强调的是大同特征的普遍性，注重阐发的是大同疆域的广阔性。因为中国的传统天下观，"率土皆然"在这里也可以理解为整个天下的大同之风的流行。与孔颖达不同，郑玄重点说明了大同的内部性质，即大同即"大和""大平"。"和"在这里消解了认为大同即是没有差异的惯常误解，孔子说"君子和而不同"（《论语·子路》），明显地是承认事物和人类生活的各种差异性特征，这种智慧对中国的思想传统影响甚深。"平"在这里也不是完全均等的意思，儒家强调事物和人类自然的差异格局，并不主张强行拉平人与人之间的各种自然差异。《诗

1　［汉］郑玄注，［唐］孔颖达疏：《礼记正义》，北京：北京大学出版社，1999 年，第659 页。

2　同上，第 660 页。

经·小雅·节南山》有"旻天不平"的句子，这里的"平"字，即是公允、公正的意思，当可与郑玄所说的"平"互释。综合郑玄、孔颖达的诠释，"大同"义可分两层：一是大同空间范围的广大，这个范围即天下，天下作为一个地理空间，可以说没有明确的界限，凡是人类生活之处、人类足迹遍及之地都是天下的范围，这层意涵反映了大同的普遍主义特征；二是注重天地万物自然秩序的差异性，尊重历史性、地理性原因造成的人类各个不同生活群体生活方式的不同，提倡人类群体共处的和谐，同时也强调差异化前提下必须公平、公正的重要性。这里所显示的价值正是一种多元倾向的尊重不同的特殊主义价值。这两种不同的价值取向结合于经师对于大同意涵的阐释中，所体现出的正是圣贤胸怀天下、济世救民的普世情怀和与世推移、重视差异的灵活性和现实感。《礼运》所反映的这种大同思想，儒家其他经典也有反映。

《尚书·尧典》记载尧治理天下，"允恭克让，光被四表，格于上下。克明俊德，以亲九族。九族既睦，平章百姓。百姓昭明，协和万邦。黎民于变时雍"。意思是，他忠实不懈，又能让贤，光辉普照四方，思虑至于天地。他能发扬大德，使家族亲密和睦。家族和睦以后，又辨明其他各族的政事。众族的政事辨明了，又协调万邦诸侯，天下众民因此也就相递变化友好和睦起来。尧的功德普照四方，遍于天地，反映的正是五帝时期大同之风流行的情况。这种治理成绩表现在他能亲睦九族、协和万邦上，《礼运》中说"讲信修睦""人不独亲其亲，不独子其子"，与《尧典》所说正相符合。中国传统文化谈及社会治理时向来重视社会关系的处理，而且往往采取由身及家，由家及国，由国至于天下的秩序推广。尧治理天下，同样也是先从家族开始，进而到各族之间，最后到各个邦国之间，邦国咸宁，天下的民众自然也能安宁生活。《尚书》中的记述是中国人天下理想的体现，这是大同普遍主义特征的题中之义。同样，《诗经·小雅·谷风之什·北山》说："溥天之下，莫非王土；率土之滨，莫非王臣。"《中庸》中说："声名洋溢乎中国，施及蛮貊。舟车所至，人力所通，天之所覆，地之所载，日月所照，霜露所队：凡有血气者，莫不尊亲。"这些说法都是中国人大同思想的体现，反映的是大同理想地域的无限性。

同样，郑玄将大同理解为"大和""大平"，"和""平"的思想在中国经典中也有体现。《尚书·洪范》中说："无偏无党，王道荡荡。无党无偏，王道平平。"所谓"无偏无党"，正是王道要大中至正，公平无私，所反映的是治理国家要公正公平，不能有所偏私的思想。《周礼·天官冢宰第一》中规定大宰的责任是掌管制定和颁行王国的六典，以辅佐天子治理天下，其中六典第四典即政典，政典施行"以平邦国，以正百官，以均万民"，这种均平的政治治理思想在以后中国的政治思想史中被流传继承下来，表达的是中国文化中"平"的理想，"平"做到"大平"，即大同。这里也要澄清一个对于大同思想的流行的误解，即认为大同反映了一种绝对平均、平等主义的诉求。古书之中多用"均平"而少用"平均"二字，儒家所讲均平实际是一种有差别、有限度的合理状态的均衡，而不是像将一块西瓜平均切成四份分给四个人一样，那是毫无差别的、没有区分的，如果将之付诸实践，则是注定不会成功的社会实验。这种不切实际、违反社会自然发展的想法自然也不是知人论世、注意时势变化的儒家智慧。在《论语·季氏》中，孔子说："有国有家者，不患寡而患不均，不患贫而患不安。盖均无贫，和无寡，安无倾。"程树德解释此"均"为"各得其分"，当是确解。儒家的社会理想一般被表述为"礼乐社会"，"礼"的精神就是"分别"，唐代吴兢《贞观政要·礼乐》篇有一段话："礼所以决嫌疑、定犹豫、别同异、明是非者也。"所重就在天地间的事物、人文的差别，有差别才有同异，有是非，进而才产生"决嫌疑"的问题。若万物毫无分别，人伦之间没有亲疏，那就是没有文明的远古时代了。朱熹对孔子此话的解释是："寡，谓民少。贫，谓财乏。均，谓各得其分。安，谓上下相安。"[1]"均"是当时社会制度规定下的财富的均衡分配，是礼的遵守前提下的财富均衡。"均"象征着民众对于社会公正公平的普遍诉求，也是儒家所追求的目标。"礼"则是在"均"的指导下照顾到了自然和人与人之间的天然差别，考虑到了社会存在的各种差异现实。社会财富分配要各得其分，即要在和谐中存差别，在差别中求和谐。其思想的多样性较之一刀切的绝对平均，岂不高明？所以在对大同思想的理解中，不能将"均平主义"和"平均

1　[宋]朱熹：《四书章句集注》，北京：中华书局，1983年，第171页。

主义"混淆。

前辈学者在讲述中国的均平思想时，一般将均平分为三个层面来讲：一是经济均平。其典型表现是井田制。井田制以家庭为单位，而不是以个人为单位，这与西方的经济平均思想十分不同，柏拉图《理想国》中消灭家庭，以家庭为私有观念之根源。而儒家不如此看，必以"老吾老以及人之老，幼吾幼以及人之幼"之仁的精神进行扩充，达到"不独亲其亲，不独子其子"。孟子说"仁政必以经界始"（《孟子·滕文公上》），正表现出儒家对于"制民之产"的重视。二是政治均平，政治均平主要表现在君臣"各得其分"，不相僭越；同时也表现在国君对待臣下的公正与公平上。三是社会均平，社会均平是指重视社会成员在获得一般社会利益方面的普遍性，如《礼记·孔子闲居》中讲"天无私覆，地无私载，日月无私照。奉斯三者以劳天下，此之谓三无私"，孔子以天、地、日月为比照，认为"民之父母"要具备像天、地、日、月那样的无私均衡精神和博大心胸，才能治理好天下。[1]

"和"也是儒家传统的一个重要价值。《国语·郑语》中说："夫和实生物，同则不继。以他平他谓之和，故能丰长而物归之；若以同裨同，尽乃弃矣。"这句话表达不同事物的调和是事物得以产生的保证，相同性质的事物则是单纯的重复。这种观点强调了多元要素的协调、配合是比单一性要好的。《中庸》说："中也者，

---

[1] 参见张自慧：《真相与启示：先秦儒家"均平"思想探微》，《孔子研究》，2014年04期。

天下之大本也；和也者，天下之达道也。致中和，天地位焉，万
物育焉。"中是中道平衡，和是和谐，奉行平衡与和谐的原则，会
促进天地万物的发育和秩序。[1] 陈来先生在《仁学本体论》中将
"和"分为五个层次：第一层次是天人之和，即人与自然的和谐，
这是建立在中国"天人合一"思想的基础之上的。第二层次是国
与国，即国家间、族群间的和平。第三层次是人与人，也就是社
会关系的和谐，中国文化向来注重父子之亲、君臣之义、夫妇有
别、长幼有序、朋友有信，处理的正是各种社会关系问题，注重
的是人与人之间的尊重互通、责任担当。第四层次是个人的精神境
界、心理状态的平和。中国文化特别是理学传统的一个重要主题就
是"寻孔颜乐处"，其目的就是达到个人心境的安乐感受。孔子很
赞赏颜回，他称赞颜回："贤哉，回也。一箪食，一瓢饮，在陋巷。
人不堪其忧，回也不改其乐。"（《论语·雍也》）颜回的这种快乐
正是他高尚人格的体现。第五层次是不同文化间的协和理解。《中
庸》说"万物并育而不相害，道并行而不相悖"，提倡以开阔的胸
襟面对不同于自己的元素。在中国历史上，儒释道三教总体的相处
和平也是文化间关系共处的典型事例，其背后的因素与中国的和文化
是分不开的。[2]

　　中国文化强调普遍性与个别性的特征不仅体现在思想层面，
也在经典所载的制度层面有进一步体现。《礼记·王制》是《礼

1　参见陈来：《中华文明的核心价值》，北京：三联书店，2015年，第71页。

2　参见陈来：《仁学本体论》，北京：三联书店，2014年，第492—496页。

记》中一篇非常重要的篇章，朴学大师俞樾（1821—1907）认为这一篇是"素王所定之制"[1]，也就是孔子所规划的制度，经学家廖平认为这一篇乃今文学家讲制度的宏纲巨领，康有为说这一篇"本末兼该，条理有序，尤传记之所无也"[2]，这就把《王制》抬高到《礼记》最重要的篇章行列中了。《王制》对中国古代的制度设计影响很大，康有为的弟子程大璋在所著《王制通论》中说："从秦汉以来中国政界所取法者有二，一是《王制》，一是《周礼》，自汉迄六朝多法《王制》。"[3]《王制》行三公九卿制，秦汉两朝所行的制度也是三公九卿制。由此可见《王制》在中国政治制度史中的地位了。《王制》说：凡为人民部署城邑居处，必须依据当地气候之寒冷或温暖，地势之高燥或潮湿，以及其是否为大盆地或大河流区域，因性质而不同其制度。人民生活于不同地区，风俗亦各不一样：比如刚柔轻重迟速的性格各有不同，口味各有不同。只要施行礼义的教育，而不必改变其生活的方式；统一其公共设施，而不要妨害其生计的便利。因为中原和边缘地区，五方之人，都有其不同的习性，而且不可互换。东方的人叫夷人，剃光头，身上刺着花纹，食物不用火煎。南方的人叫蛮人，脸上刻花纹，两个足趾相向着走路，食物也不用火煎。西方的人叫戎人，头覆盖着毛发，身披兽皮，不食五谷。北方的人叫狄人，则以羽毛为衣，

1　转引自皮锡瑞：《经学通论》，北京：中华书局，2017年，第340—341页。

2　谢遐龄编：《康有为文选》，上海：上海远东出版社，1977年，第144页。

3　程大璋：《王制通论》，参见干春松、陈壁生主编：《经学与建国》，北京：中国人民出版社，2013年，第199页。

住在雪窖里，也不吃谷类食物。像这样，住在中原的、东夷的、南蛮的、西戎的、北狄的，他们各自有其安乐的家、可口的食物、适宜的服饰、便利的生活、完备的工具。而且，五方之人，言语不相通，嗜好不一样，他们要传达心意，交换有无，于是有各种通译语言的人，这在东方叫寄，南方叫象，西方叫狄鞮，北方叫译。可见先王制度，既重视天下民众的普遍需求，强调礼义教化的普适合法性，也注意到要尊重不同地区人民自然风俗和丰富多彩的生活方式。不管是身在中原，还是在夷狄蛮荒，同服王化、遵行礼义是一致的，这是大同意涵中"大一统"要求的体现。

在今古文经学的制度谱系中，《周礼》与《王制》相对，《王制》为今文学家所奉，《周礼》则是古文学家所宗。历史上《周礼》对中国的政治制度也是影响至深。新朝王莽、北周苏绰、北宋王安石，三人变法都是以《周礼》为蓝本推行改革，号召士林。《周礼》官制是六卿制，分天官冢宰、地官司徒、春官宗伯、夏官司马、秋官司寇、冬官司空。隋唐时期行三省六部制，沿至明清，则为六部负责制，此六部即仿《周礼》六官而设，程大璋说从隋唐到近代制度全法《周礼》，这话并非虚言。在《周礼》中也体现了圣人制礼，因地制宜的深意。

《周礼·地官司徒第二》中说：根据按土地计算贡税的法则，辨别五种不同地形宜生长的人和物。一是山林，那里宜于生长毛细密的动物，宜于生长柞树之类可供染色用的植物，那里的人民毛长而体方。二是川泽，那里宜于生长鳞甲类的动物，宜于生长莲芡之类结子多的植物，那里的人民皮肤黑而润泽。三是丘陵，那里宜于生长有羽毛的动物，宜于生长李梅之类有果核的植物，那里的人民体形圆而长。四是坟衍，那里宜于生长有甲壳的动物，宜于生长有荚角的植物，那里的人民肤色白而体瘦。五是原隰，那里宜于生长毛短色浅的动物，宜于生长萑苇之类的植物，那里的人民胖而矮。

根据以上五种地形的生长物所形成的人民的生活习惯，而施行十二个方面的教育。一是用祭祀之礼教民尊敬，人民就不会马虎随便。二是用乡射礼、乡饮酒礼之类的阳礼教民谦让，人民就不会相争。三是用婚礼那样的阴礼来教民相亲，人民就不会相互怨恨。四是用乐教民和睦，人民就不会乖戾。五是用礼仪来辨别上下尊卑等级，人民就不会僭越。六是用习俗教民安居，人民就不会苟且。七是用刑法教民遵守礼法，人民就不会暴乱。八是用誓戒教民敬慎，人民就不会懈怠。九是用制度教民节制，人民就会知足。十是用世间技艺之事教民技能，人民就不会失业。十一是根据贤行颁授爵位，人民就会谨慎修养德行。十二是根据功绩制定俸禄，人民就会致力于建立功业。

依据土地同所生长的人民和动植物相适宜的法则，辨别十二个区域土地的出产物及其名称，以观察人民的居处，而了解利与害之所在，以使人民繁盛，使鸟兽繁殖，使草木生长，努力成就土地上的生产事业。辨别十二种土壤所宜种植的作物，而知道所适宜的品种，以教民种植谷物和果树。

　　用按土地合理征收赋税的法则，辨别以上五种地形的生长物和九种土质，制定天下的地税，而兴起人民的各种职业，以使人民贡献各种谷物，以收取钱谷赋税，以使天下赋税的征收公平合理。

　　《周礼》提到了地理差异、万物之间的差异以及生活在不同区域的人民体貌和精神气质的差异，因为这种差异，先王教化、田制、赋制也均有相应的不同。不过虽然各地方的治理模式不一样，但各地方又同在天地之间，同属王化范围之内。《周礼》中第一句话就是"惟王建国"，这也是中国文化中"大一统"思想的体现，天下万事万民，纷乱复杂，必有一中心来为万民模范，这个中心在古代就是"王"，"王"的存在保证了政治和教化的统一性，所以《春秋》才有"尊王攘夷"的大义存在。但这个"王"并不是像秦一样的专制暴政，古人说通天地人三才曰王，又说王者，人民归往之义，所体现的是王者要有能够调和天地、顺应民心的才能，这种顺应不是强制性地改变不同地区的人民习性以归于完全相同，而是因天地环境的不同施以教化治理，以达到蕃鸟兽、毓草木、阜人民的目的。在儒家的治理理想中，一是养，二是教，教以养为前提，养以教为目标。教化大行，民皆知德的结果正是"选贤与能，讲信修睦"，"老有所终，壮有所用，幼有所长"。从中可以看出儒家对于普遍性和特殊性的中道处理，费孝通先生说中华民族是"多元一体"，中国文化、中国礼俗、中国政治又何尝不是"多元一体"。"一体"是中国文化的普遍性，"多元"则是中国文化的多样性，若无一体，则多元就是分裂；若无多元，那一体就是一言堂似的万马齐喑。中国文化不论是在思维的方法论，还是在政治的实际践履中，都注意维持一与多的平衡。大同思想在表面提倡万国同风的一统理想的同时，也包含着承认地区差别、个人差异等方面的内容。

这种精神后来在宋儒思想中也得到了体现，被集中表达为"理一分殊"一语。"理一分殊"是北宋理学大家程颐对张载《西铭》一文大义的概括。"理一分殊"说明了超越性的"理"是同一的，具有普遍性，但它的表现要具体化，必须因时空条件以及实际的情况而有所不同，呈现出一定的差异性来。这种思维方式与大同的内在要求是一致的。

第二章

先秦诸子的大同思想

一、小国寡民：先秦道家的社会理想

在以往的古代大同思想研究中，学者们多就"大同"的宽泛意义来讲，"大同"几乎就是社会理想的同义词。陈正炎、林其锬所著的《中国古代大同思想研究》将古代大同思想的表现形式归纳为六种类型：

（一）依托远古，向往原始社会，用现有的观念材料进行加工和美化，勾画出大同社会的美妙蓝图。道家的"小国寡民""至德之世"以及儒家的《礼记·礼运》等都属于这一类型。

（二）人间的社会追求，采用非人间的境界想象。这种形式多出现于宗教中，如佛教的"净土世界"、基督教的"天国"理想。

（三）出现在文学作品当中的，由作者用形象生动的语言描绘的理想社会秩序，如陶渊明的《桃花源记》、李汝珍《镜花缘》中的君子国。

（四）历史上，学者、政治家对理想社会方案的制定，如孟子、东汉何休、宋代张载对井田制的规划。

（五）历史人物基于自己的社会理想付诸实践，进行社会实验，如东汉张鲁的"义舍"、明代何心隐创立的"聚合堂"。

（六）农民起义过程中，农民领袖提出的行动纲领和斗争口号，如唐代黄巢的"均平"口号，宋代方腊、杨么的"等贵贱，均贫富"。

也有学者将大同思想的影响分成三种。一是古代进步思想家以及近代资产阶级启蒙思想家，主要承继大同思想的积极方面，以反对苛政、实行仁政、推举贤才为主要表现形式。二是对老庄"小国寡民"和"至德之世"思想的继承。三是被剥削群众对大同思想的继承，主要是农民起义领袖的一些政治纲领。这种区分和前述的六类分法基本上是一致的。

先秦时期的知识分子依托远古，向往原始社会，将现有的观念材料进行加工和美化，勾画出大同社会的美妙蓝图。运用这种方式表达自己社会理想的还是比较多的，尤其以道家人物为最，如老子、庄子、文子以及一些农家、兵家人物。《礼运》中将大同时代溯源至五帝时代，特别是尧舜之时，这也符合儒家"宪章文武，祖述尧舜"的理论特征，而诸子百家中的道家、农家将理想时代更向前推进了一步，道家以黄帝为号召，农家则以神农氏为旗号。这种依托古代圣王来表达自己社会理想的做法在诸子中十分盛行。

老子提出的是"小国寡民"的社会理想，他说：

> 小国寡民，使民有什伯之器而不用，使民重死而不远徙。虽有舟舆，无所乘之。虽有甲兵，无所陈之。使民复结绳而用之。甘其食，美其服，安其居，乐其俗。邻国相望，鸡犬之声相闻，民至老死不相往来。(《道德经·第八十章》)

老子

老子说：国家要小，人民要少。使人民有功效十倍百倍的器械而不使用（不要进步的器械）。使人民重视死亡，而不迁移远方（不肯冒险，安于故乡）。虽然有船和车，但没有地方使用（不要交通工具）。虽然有身穿盔甲的士兵，但没有对象摆列阵势。使人民再结绳而用来记事（不要文字）。使人民认为他们的饮食香甜，认为他们的衣服美好，认为他们的住宅安适，喜欢他们的风俗习惯（满足于朴素简单的生活）。邻国彼此可以互相望见，可以听到彼此的鸡犬的声音，而两国人民直到老死不互相往来。[1]

这种社会理想的提出基于对现实世界的强烈不满。老子认为，

1　高亨：《老子注译》，北京：清华大学出版社，2010年，第123页。

自己所生活的年代之所以战乱频仍、民不聊生，是因为人道违反天道。天道自然无为，人道也须效法自然，这就要求统治者要无为而治，要去除奢侈，去除傲慢，要知足，要无欲，"以百姓心为心"。他因此反对以智治国、以礼治国，因为国家的混乱正是由"智"与"礼"造成的，"礼"就代表了统治者对于人民的剥削和压迫，他希望通过"无为而治"，去"智"与"礼"，能够重新回到他理想的社会，这个社会中人民都很淳朴，没有机巧之心，大家都安于自己的生活，处于一种祥和又混沌的状态，大家不亲不疏，相互之间也不来往，这就是老子的"大同之治"。

庄子是一位旷达超然的哲人，不想做官，视高官厚禄如粪土，他只想逍遥于江湖，做一只"曳尾于涂中"的乌龟。他理想中的世界是"至德之世"，在"至德之世"中，治理者实行的也是无为之治，民众都很淳朴，自由自在，

庄周梦蝶

毫无功利之心，所作所为都出于自己的天机自然，因此自然符合天道运行。在这里，大家都生活得很好，却不知道自己的财富饮食从何得来，大家也没有关于财产的观念，所有的资源也是大家共享。人们也没有道德的观念，不会去区分善恶美丑，却能自然地相亲相爱，虽然不知仁义，但做事每每都合乎仁义。这就是庄子所向往的一切任自然的至治状态。在晚清今文学兴盛时期，庄

子的这种理想被经学家与《礼记·礼运》的大同理想联系起来。康有为的弟子陈焕章在《孔教论》一文中述及孔教的统系，他认为孔子之教，分为大同、小康两派，小康派的代表是荀子，到李斯被秦朝任用为宰相，小康派的主张得到了施行，一直流传。大同派分两支，一支是思孟学派，另一支就是由子游子夏所传，子夏又传给田子方和庄子。[1] 清末学者王树枏写过一本叫《庄子大同说》的书，同样是以大同来解释庄子的"至德之世"。王树枏认为庄子是孔子的再传弟子（晚清学者多持此说，现代学者钟泰《庄子发微》也持此说，可为参考），专明孔子大同之道。《庄子》内篇阐述内圣之道，外篇则阐述外王之道，孔子对大同之道未能详细解读，而庄子继之。比如《庄子》的《骈拇》篇痛斥仁义，专崇道德，王树枏认为这是庄子试图立大同之本。他说大同之本就在黜仁义，崇道德，让人自适自得，不失去本性，大同之世人都得全其性，庄子之述正反映了大同时期的情况。

《文子》一书也是道家的重要著作，这本书内容与《淮南子》雷同处很多，历代关于《文子》与《淮南子》谁抄袭谁的问题，争论不休。与其他道家作品一样，这本著作中，同样表达了对于"三皇""黄帝"时代的社会政治的向往。《文子》认为帝王之所以产生，就是因为原来的社会处于无序状态，天下不安，强凌弱，众欺寡，天生圣人就是要改变这种情状，同时又有三公九卿来辅

1　陈焕章：《孔门理财学》，长沙：岳麓书社，2005 年，第 780 页。

佐天子。天子以道治天下，无欺无伪也无私，这个道就是天地自然的规律，人道要法天道而治。顺道而治，一切顺应自然，也无所谓私心行事。为上者无苛令，为官者主清静，人民则男耕女织，自然富足。如此人人各享天命，无所谓夭寿之说，这种情况下，父没有丧子之忧，儿童没有失父之痛，人人各得其所。实现这样的至治，关键在于圣人。圣人为治，要求其"弃其聪明，灭其文章，依道废智"，也就是圣人要放弃自己主观的思维，要依据道废除自己的私智。在废智的同时还要"寡其所求，去其诱慕，除其贵欲"，即圣人要寡欲，消除对于外界事物的追求之心。圣人达到这种无欲无私的天下大公的境界，才可能实行无为而治，顺天地之道而行。道家论治大略如此。

农家、兵家也表达了自己的社会理想。农家的许行主张君民"并耕而食，饔飧而治"，就是说社会上不论君还是民，一律都参加劳动，通过农业活动来养活自己，他反对区分什么"劳心者""劳力者"，否定社会劳动形式的区分。这其实也是希望恢复到最原始的远古共产主义阶段。兵家有部作品《六韬》，记载的是姜太公与周文王、周武王论兵的谈话。在这部书中，也是以尧舜时代作为自己的理想时代。"仁义道德"即到达这种理想的手段，"仁"就是天下人共享天地之间的所有。"义"就是大家能同忧同乐，同爱同恶，达到情感和价值理念的高度相同。能够使天下人获得利益的就是"道"。能够急人之所急，无偿帮助别人解决困难就是"德"。如果大家都能做到这样，就是最好的社会。

吕不韦

　　杂家也是如此，以《吕氏春秋》为代表。《吕氏春秋》是战国末年秦国丞相吕不韦主持，门下客卿合力编写的一部书。吕不韦（前292—前235）原来是一个大商人，富有千金，他在赵国遇见了当时在赵国做质子的子楚，便倾力结交，并将自己的宠妾送给子楚。后来在吕不韦的协助下，子楚返回秦国成为太子，并于不久后继位，这就是秦庄襄王。子楚继位后以吕不韦为丞相，封为文信侯。庄襄王死后，太子嬴政幼小继位，吕不韦大权独揽，号为仲父。秦王长大后亲政，试图削减吕不韦的权力，后来吕不韦因为牵连到后宫嫪毐事件，被免职去河南封地，后又被令前往蜀地，吕不韦因为忧惧而饮毒酒自杀。吕不韦对于编写《吕氏春秋》是非常重视的，他将这项工作视为可以流芳千古的文化事业。他曾经在《吕氏春秋》写完后，将书稿置于咸阳市门，悬赏千金，说能够增损一字者就赏千金，这也是"一字千金"成语的由来。虽然《吕氏春秋》以道家为本，但它并不像老庄一样主张回到人与动物齐一的远古时代，而是主张天下为公，认为以前圣王统治天下，都是以公为先，公则天下平。要做到公，就要效法天地，天地无私，普惠万物，圣主只有效法天地，才能真正做到大公无私，这继承了道家政治哲学自然无为的思想。不仅是君主能够公正无私，底下的百官也能够以利民之心从政，时时刻刻以百姓的福祉为重。它赞成选贤任能的政治，推崇尧舜禅让的权力交接方式，尧舜之所以是贤主，正因为他们任命贤者做他们的继承人，而不是传位给他们的子孙。它也主张以仁为本实行法治，让社会能够有序运转，人人能够各安其分，各安其职，从事生产活动。这些都体现了《吕氏春秋》多元的思想主张，这也正是它在道家基础上对儒、法诸家思想成果进行融合的结果。

二、王道仁政：先秦儒家的社会理想

诸子中也有人希望通过制定理想社会方案来实现社会的大治，这以儒家学者最为典型，这种改良社会的方式也是中国历史的主流思想，他们希望通过政治改革，能够"致君尧舜上，再使风俗淳"，实现自己的理想抱负，让社会安宁，天下太平。这种方式以孟子最为典型。

孟子希望通过行王道、施仁政来达成自己的社会理想。在经济上，孟子特别强调维护人民的生活需要，他主张实行井田制，给每个农户五亩之宅和百亩之田，以保证民众的经济生活，达到"仰足以事父母，俯足以畜妻子，乐岁终身饱，凶年免于死亡"的程度。只有让人民有了"恒产"，他们才会有"恒心"，礼义之教才会发生作用，天下才会太平。在政治上，孟子强调君臣平等对待关系的重要性，"君之视臣如手足，则臣视君如腹心；君之视臣

孟子

如犬马，则臣视君如国人；君之视臣如土芥，则臣视君如寇仇"（《孟子·离娄下》）。他也很重视民众，认为民贵君轻，天下有道，就是要得民心。只有得到百姓的支持，政权才能稳固。一个社会治理得好坏最重要还在民众的道德水平，孟子特别主张人伦之教，由五伦之教（父子有亲，君臣有义，夫妇有别，长幼有序，朋友有序）出发，进而"老吾老以及人之老，幼吾幼以及人之幼"，达到理想的道德秩序，这与《礼记·礼运》篇的说法很相似。另外值得一提的是，孟子仁政的人性基础是他的性善说。仁义礼智，在人的本性中天然就有，这就为他的政治学说奠定了坚实的哲学基础。

三、大同思想与先秦诸子

尽管大同思想在近现代的思想史和政治史上产生了重大影响，但是我们追问最早提及大同社会理想的《礼运·大同》章时，关于这章是不是孔子思想、是不是儒家思想却一直很有争议，引起了学者们的研究热潮。综合各种意见，关于大同思想的学派属性，大致有如下几种观点。

（一）属于儒家思想。在儒家内部，廖平、康有为、熊十力等儒学大师都持此种论点。郭沫若先生认为，《礼运》篇毫无疑问是子游氏之儒的主要经典，但不一定是子游所记录，也可能经过了一定的润色损益。冯友兰先生将《礼运》归入秦汉之际儒家的作品，不过他也认为《礼运》当中的大同思想不是儒家的传统思想，一般儒家所提倡的都是小康之治，之所以提及大同之治，是儒家受到了道家政治哲学的影响。任铭善先生认为《礼运》篇是子游自记，其中有后人窜入。周予同先生认为，《礼运》只是儒家支流一位不知名的作者的作品，最早出于战国末年，甚或汉初。尽管关于《礼运》本篇的成书时代，学者各有争论，或说成于先秦时代，或说成于秦汉时代，但是关于《礼运》大同小康说的儒家性质，大家是没有异议的。大同的儒家性质应该是儒家内部特别是近现代儒家内部的共识，也是学术界的一种主流声音，大同思想既然反映在作为儒家主要经典的《礼记》当中，那么它与儒学的关系自然不能绝对割裂，最多也只是说这种思想受到了道家或者墨家的影响，而不能认为这不是儒家思想的反映，这正反映了儒学广大的吸收力和对于时代的适应性，也反映出经典对于时代的超越。

（二）属于道家思想。这种观点在古代就已经存在，郑玄在给《礼记》做注时即以老子的话阐释大同小康的世运之变——尽管郑玄并不认为大同小康说是道家论点。宋代怀疑大同是老氏之论的人就更多了。对于古代疑经之人来说，他们对《礼运·大同》篇的性质，多数倾向于判定是受了道家的影响，这种观点到了近现代，仍然得到了一些学者的继承。吴虞是近代持这种观点的代表人物，他说，《礼运》大同之说，是窃道家之绪余，老子讲的"失道而后德，失德而后仁，失仁而后义，失义而后礼"，就是说的从大同到小康的转变历史。老子又说，"大道废，有仁义，智慧出，有大伪，六亲不和，有孝慈，国家昏乱，有忠臣"，这就是在讥讽"小康"时代的治理。儒家所重的仁义之说就是"小康"时代的价值表现。由此吴虞认为，孔子不过是在学习老子的学说过程中更加重视"小康"而已。由于儒家用世之意情切，所以不免迎合时势，从而详述小康而略讲大同，丢失了上古为君治理之义。冯友兰在《中国哲学史》中也说，儒家讲大同之治，是采用了道家学说的社会政治哲学。

（三）属于墨家思想。持这种观点的学者也不少。伍非百、金德建、蔡尚思等都认为大同思想与墨家关系密切。伍非百是研究墨学的著名学者，他在《墨子大义述》中说，读他的这本书，应当知晓大同传墨之学，只有实行墨家之学才能实行大同。他据《礼运·大同》所述，认为此章的描述与墨子尚同、尚贤、兼爱、非攻、节用等主张相似，因此推断《大同》章百余字都是撷拾墨子之文而成。之所以儒家要援墨入儒，正是因为墨家大同之说在当时影响巨大，逐渐超过儒家，儒家弟子纷纷逃儒归墨，子游的弟子极为忧虑这种情况，于是采用墨家思想来补充儒家思想，希望能够维持儒家的影响力。在这些论述中，我们看到伍先生难免有猜测的成分在里面。著名经史学家蒙文通也认为伍非百所说有理，不过蒙文通更赞成《礼运》是儒家吸收墨家思想而作这种观点。金德建、蔡尚思所言与伍非百相差无几，也认为《礼运·大同》章中的思想与墨子主张相仿，而推定大同思想乃墨家学说。比如《墨子》里说大国不能欺侮小国，众人不能欺侮鳏寡之人，有权势之人不能夺取人所种植养育的黍稷狗彘，没有孩子的老人能够全寿而终，没有兄弟的人能够与他人亲密相处，从小失去父母的人能够有所依靠而顺利成长。这和《礼运》的"大同说"并没什么不同。正是《墨子》兼爱利民的理想与大同思想很有类似之处，让众多的学者认为大同思想就是墨家思想的反映。

近代经学家刘师培认为儒墨道三家均持大同之义。儒家之道，首在贵公，主张内外相通，上下相通，人我相通。内外相通即是国与国之间的平等，最终要泯灭国家之间的界限、华夷之间的界限。上下相通即政治平等，没有贵贱之分。人我相通就是张载"民胞物与"的精神。墨家也主大同之说，《墨子》有《尚同》篇，里面说里长率领其民众同于乡长，乡长率领其民众同于国君，国君率领其民众同于天子，也就是儒家的内外相通之义。《尚同》篇里又说，上面的人治理政务，如果了解下面的实情，就能实现治理。还说，古代圣王能够审慎地使用尚同的人为行政长官，所以上下之情能够畅达。上面有了没有计划到的事情或没有兴办的利益，下面知道了能够及时提醒他，使之得利。下面有积聚的怨言和祸害，上面知道了就除掉。这就是儒家的上下相通义。而《兼爱》篇追求君臣、父子、兄弟、夫妇之间的仁爱，正是儒家人我相通的意思。道家庄子《齐物论》废除人我对待，认为物无是非，视万物为一体，也是人我相通的意思。这显示了大同乃儒墨道三家共同追求的目标。

（四）农家之学是大同时代之学。吕思勉先生认为孔子所说的大同时代与农家之学所反映的时代相符，贤者和民众一起耕作、一起吃饭的情境就是大同时代，因此认为农家的主张就是大同时代的治法。

众多人对于《礼运》的大同思想争议这么大，不仅仅在于《礼运·大同》的思想性质与道家、墨家有亲和之处，还在于《礼运》所记载事实的可疑。《礼运》中说："昔者仲尼与于蜡宾，事毕，出游于观之上，喟然而叹。仲尼之叹，盖叹鲁也。"蜡祭是岁末的时候举行的一种农业祭祀活动。郑玄注中提到，孔子是在鲁国做官时参加的这次祭祀活动，据学者考证，孔子五十二岁在孔子任司寇之职，三年后离开鲁国，开始周游列国。《史记·仲尼弟子列传》中说子游的年龄小孔子四十五岁。那么孔子任职鲁国期间，子游不过七八岁，最多十岁，孔子怎么可能和一个小孩子讨论礼之奥义呢？不过《孔子家语》中记载，子游小孔子三十五岁，若依此说法，则子游是有可能在十七八岁时被孔子收为弟子与孔子讨论礼的问题的，子游本身在孔子的弟子当中就是以知礼著称的。《孔子家语》的记载因为《家语》本身的真伪问题一直未受到重视，不过现在有的学者提出来应该重视《家语》的这个记载，从而对《礼运·大同》篇的真实性有了进一步的证实。[1]

这些争论反映了近现代以来学术界对于大同思想的兴趣。学者们各持己见，也客观上推动了大同思想在近代的传播和影响。其实近代以来对于大同思想属性的争论，是自古代尤其是宋代以来对于大同思想属性争论的一个延续。迄今为止，伴随着大同思想影响的扩大，这种争论仍然没有停止。在近现代的大同思想史中，对于《礼运·大同》篇的真伪辨正并不涉及儒学的现实发展，这种严格考证的科学性态度与吕思勉对于大同的历史阶段的考察有方法论上的相似，都对大同思想采取一种历史的中立的科学态度。这在大同的思想研究史中也是一种颇为不同的研究方式。

1　具体关于子游年龄的考证，参看裴传永《"礼运大同"思想之我见》，《山东大学学报》1999 年第 3 期；杨朝明，卢梅《子游生年与〈礼运〉的可信性问题》，《史学月刊》2010 年第 7 期。

第三章

两汉时期的大同思想

　　汉唐时期的大同思想，主要表现在《春秋》三传大一统观念的发展上。西汉汉武帝"罢黜百家，推明六艺"，促进了经学研究的大繁荣，其中董仲舒的《春秋公羊传》研究为西汉的思想建设奠定了基础，他特别推崇"大一统"思想，认为大一统是"天经地义"。另一位公羊学家何休的"三世说"提出了"天下远近大小若一"的文化理想，与大同的普遍性追求若合符节。郑玄也对《礼记》作注，诠释了《礼运》的思想，孔颖达为郑玄注作疏义，以"率土皆然"诠释大同，也表现大同空间上的无限延展。另外，诸子特别是道家的社会理想也在这一时期继续发展。

一、天下若一的大一统观念：董仲舒、何休等人与大同思想

　　史学家魏收所撰的《魏书》列传第十二《高闾传》中记载高闾言论，其中谈及大同，强调了行王道的重要性。北魏皇帝向高

间咨询国政时，他说："天下大同，风轨齐一，则政出于天子；王道衰，则政出于诸侯；君道缺，则政出于大夫。"（《魏书·高闾传》）这句话强调了大同思想中的"大一统"意识，"大一统"是孔子《春秋》经中的义理内涵。

公羊学家董仲舒说："《春秋》大一统者，天地之常经，古今之通谊也。"（《贤良三策·第三策》）公羊学家认为，大一统是孔子所定的"春秋制"，而不是历史上曾经有过的制度，是理想的制度，非现实的制度。《春秋》经隐公条，第一句话就是"元年春王正月"，《春秋》未修以前，作为国史的《春秋》第一句话是"一年春王正月"，公羊学家认为变一为元有隐深的含义，这一含义主要有两个方面，一是以元统天，二是立元正始。

以元统天，就是以元作为宇宙万物的本体。宇宙万物，从天地、人类到鸟兽草木都是从元而出，一统于元。这个意思在《易传》中也有体现，《易·乾卦》象辞说："大哉乾元，万物资始。"何休《公羊传解诂》中注解《春秋》，将元解释为气，他说："元者，气也。"气是构成宇宙的最基本要素，气是连续的、流动的，整体又有分化的，因为气的这种性质，才有阴阳二气的分别和互补，进而构成了宇宙的流变和生生不息。正因为天地之间元气流行，所以天地和人类有了一致性的本体论基础。

立元正始，是从价值上认为万事万物和人类的政治活动、政治制度都必须有一个纯正的开端，开端纯正，事物、活动、制度的发展才能纯正，才能确立意义和价值。所以今文家特别重视事件的本源发生，注重报本反始，追溯渊源，这一点在中国祭祀祖宗的礼制中就有体现，中国人慎终追远，祭祀祖先，正有重视本源开端的意味。

不仅公羊家有此意识，谷梁家也言"大一统"，清代经师廖平著《谷梁古义疏》释解"元年春王正月"中的"王正月"三字，说："王正月者，明王一统，且以别于夏、殷。"[1]可见，"大一统"乃《春秋》通说。

"大一统"不仅有其形上意义，也有其形下的制度含义。其形下含义就是《春秋》的尊王，倡导王道政治。举一例阐述《春秋》尊王之义。《春秋》经僖公八年经文："春王正月，公会王人、齐侯、宋公、卫侯、许男、曹伯、陈世子款、郑世子华，盟于洮。"王人是当时的周天子周惠王的一个职位很小的臣子，齐侯是齐桓公，宋公是宋桓公，卫侯是卫文公，许男是许僖公，曹伯是曹共公，陈世子是陈宣公的儿子，郑世子则是郑国国君的儿子。《公羊传》在解释为何要把王人放在各国国君之前的原因时说："王人者何？微者也。曷为序乎诸侯之上？先王命也。"之所以先说王人，是因为他承受着天子的命令。这正是《春秋》尊王的一个体现。《春秋》倡导尊王，所以对于违反尊王之义的，也予以贬斥。庄公四年有经文："夏六月，卫侯朔入于卫。"这句话看来平平无奇，但《公羊传》说："卫侯朔何以名？绝。曷为绝之？犯命也。"以《春秋》经例，提及公侯时不会讲他的名字，而这里经文提到卫侯

---

1 廖平：《廖平全集6·谷梁春秋经传古义疏》，上海：上海古籍出版社，2016年，第27页。

也就是卫惠公名朔，这是为什么呢？《公羊传》认为这是在"贬绝"他，因为他违反了周王的命令。这也是《春秋》尊王大义的体现。王如此重要，所以《春秋》认为王要有可尊之道，也就是王道，若不行王道，则王不免为一独夫，革命之事在所难免，故《春秋》也有革命之义。"大一统"观念对中国历史影响甚大。中国历史上之所以能维持长时间的统一局面，而且疆域和文化影响力能逐步扩大，与"大一统"意识是分不开的。讲到"大同"，其中的"大一统"意味是自然地包含在其中的。

在这里仍然要声明，"大一统"并不意味着思想专制，不允许其他思想或政治传统的存在。关于这一点，可举一例，《春秋》要义中有一内容叫"通三统"。其意思是说，新政权建立要改制立法，必须在前代礼制基础上进行创新，择其善者从之。周鉴乎夏、殷二代，所以孔子称赞周"郁郁乎文哉"。同时还要在部分地区保留前代的政治传统和文化，周代建立后，封商朝后裔于宋，封夏朝后裔于杞，在宋国、杞国内，可以行商朝、夏朝的礼乐，服商朝、夏朝的衣冠，奉祀商朝、夏朝祖先。这表明在一统的前提下，多元化的价值是得到尊重的，实现了一统多元的目的。"大一统"从思想的层面说明了大同的内在普遍性，联系大同之普遍性与个别性，可以看出经典之间息息相关的紧密联系，也从侧面印证孔子删述六经，其中思想的一贯性，所谓"吾道一以贯之"，实在不是虚语。

董仲舒是汉代的公羊学宗师，他继承了《公羊传》的"大一

董仲舒

统"思想，并对西汉的政治产生了实际影响。他从小就好学，读书非常刻苦，经常夜以继日地读书，传说少年时他的书房紧靠着姹紫嫣红的花园，但他三年没有进过一次花园，甚至连一眼都没瞧过。因为这种刻苦求学的态度，董仲舒才学有所成，在汉景帝时成为经学博士。

汉武帝即位后，让各地推荐贤良文学之士，董仲舒被推举参加策问。汉武帝连续对董仲舒进行了三次策问，基本内容是天人关系问题，所以称为"天人三策"。第一次策问，汉武帝问的主要是巩固统治的根本道理；第二次策问，武帝主要是问治理国家的政术；第三次策问，武帝主要问的是天人感应的问题。尽管汉武帝非常赞赏董仲舒的对策，但他并没有让董仲舒在朝廷任职，而是派他到地方给诸侯王做国相。董仲舒终其一生也没有到中央去任职，后来的大学者刘向对此十分惋惜，他说董仲舒有王佐之才，伊尹、姜尚也并不比他更高明，像管仲、晏婴这样辅佐霸主的人物是比不上董仲舒的。这里也可以看出他对董仲舒仕途的惋惜。董仲舒晚年致仕回到家中，专门从事研究著述的工作。不过，朝廷每当有重大决策的时候，也会专门来请教董仲舒的意见。董仲舒去世后葬于长安西郊。据说汉武帝每到董墓都要下马，以此表示对这位大儒的尊重。

　　董仲舒论"大一统"，特重"正""始"二义，而"正""始"二义又相互关联。重视本始是为了"正本"，想端正国本就应从最开始注意事物的发展。而这个开始的地方就是身份最尊贵的人——人君，人君想要正人，必先正己，正己才能正朝廷，正朝廷进而能够正百官，百官正而后万民正，万民正而后四方正，四方正而后远近无不正。这其中所强调的核心意涵是君主所要起的模范作用。在董仲舒看来，天下正与不正，关键在于人君，人君的行为合于正道，才能给百官树立一个效仿和引导的对象，进而能够影响万民，在这里，可以看到中国政治哲学强调的教化意识，而教化的基础在于人君自己端正的行为，正因此，中国政治的关键在于选贤任能，即人才的选拔。孔子说："君子之德风，小人之德草，草上之风必偃。"（《论语·颜渊》）这里的君子、小人是以位言，不是以德言，杨伯峻翻译君子为领导人，小人为老百姓，大致是不差的。意思就是说领导人的作风好比风，老百姓的作风好比草，风向哪边吹，草就向哪边倒，这里强调的是对官员素质的高标准、高要求，其内涵的预设是官员作风的好坏对老百姓的风俗养成有极为重要的示范作用。一地的风俗是否良善，首先要看主政此地的官员的德行是否合格；天下的风俗是否良善，首先要看天子的德行是否合格，所以儒家对于天子德行上的要求是非常高的。在这一意义上，中国古代的理想政治是教化的政治、示范的政治、向善的政治。

　　董仲舒还提出了"罢黜百家，表章六艺"的主张，以实现思想上的大一统局面，这一主张为汉武帝所采纳。在现代的学术史中，董仲舒"罢黜百家，表章六艺"的主张多被置换为"罢黜百家，独尊儒术"，这种词语上的置换其实是不具备历史根据的。在古代典籍中，未有过"罢黜百家，独尊儒术"的说法。综合古代典籍，有"罢黜百家，表章六经"（《汉书》）、"罢黜百家，崇尚经术"（《册府元龟》）、"罢黜百家，独尊孔氏"（《昭代经济言》）等语。"罢黜百家，独尊儒术"仅在《郡斋读书志》一见，从引用词汇的频率上可以看出"独尊儒术"一词在古代并不流行，它是在近代反孔的潮流中被当作古代思想专制的证据而被频繁引用的。其实，思想上的一统是诸子百家共同的要求和期望，举《庄子》为例，《庄子·天下》篇中对战国时期，政治上诸侯并立，思想上百家蜂起的局面很不满意，说，天下大乱，天下的人都各执一端，自以为是，既不周全也不普遍，无法像古人一样能见天地之全，百家都往前走而不回头，必然不合于道术了。现代人多视诸子百家为中国历史上的黄金时代，岂不知当时的思想家却偏偏不满意这种群言淆乱的局面，而梦想回到道术之全、道术之一。古人之所以如此想，正在于战国时期的思想徒有多元，而无一体的共识，结果只会加剧战国分裂的局面。而汉代"表章六经"正是汉代复古开新，维护政治一统的必然选择。"表章六艺"与"独尊儒术"之间仍有细微的差别，简言之，六艺原是周代官学，为道、儒、墨、法诸家的学术源头，非儒家一家所独尊，廖平、康有为、张尔田、马一浮、熊十力等学术大师都一致认为不能将儒术单纯等同于六艺，六艺可以统摄诸子。从这一意义上说，"表章六艺"就不能等同于"独尊儒术"，六艺是诸子的集合点。提倡六艺，既体现了思想一统，又不禁止民间的百家之学研究，这正是大同思想"一体多元"特征的体现。

汉代的公羊学家何休发展了公羊"三世说"，并提出了具体的制度措施，表达了他"天下若一"的文化理想。何休（129—182），字邵公，东汉著名的经学家。史书记载说他对三坟五典、阴阳算术、河洛谶纬等都了然于胸。

《公羊传》书影

他智慧非常，口却拙笨，这一点在中国的学者历史上可谓屡见不鲜，很多大学者学问渊博，就是口拙，战国的韩非是这样，西汉的扬雄是这样，何休也是这样。相传当弟子请教何休问题的时候，他都是以文字作答。何休生活在东汉后期，著有《春秋公羊传解诂》，他主要是通过这部著作来表达社会理想。他的社会理想主要体现在"春秋三世说"与井田制的主张上。"三世"说为公羊家论《春秋》的要义。历代公羊家均以"三科九旨"为宗，"新周故宋，以《春秋》当新王，此一科三旨；所见异辞，所闻异辞，所传闻异辞，此二科六旨；内其国而外诸夏，内诸夏而外夷狄，此三科九旨"。另有一说云，"三科者，张三世，存三统，异内外；九旨者，时、月、日、王、天王、天子、讥、贬、绝"。其中"二科六旨"与"张三世"就是指"三世"说。"三世"说最初仅仅指的是所见异辞、所闻异辞、所传闻异辞，将春秋历史分为所见、所闻、所传闻三个时期，所见即作者曾经经历过、生活过的年代，所闻是自己未曾经历，父辈、祖辈曾经经历而自己听说过的年代，所传闻的时代较所闻时代更久远，因为时代不同，所以各自的记述方式和文辞也有所不同。后来在董仲舒的《春秋繁露》中，"三世"说进一步发展，董仲舒认为所见之世微其辞，所闻之世痛其祸，所传闻之世杀其恩，就是说因为距离作者时代有远近，作者的情感也有所不同。距离作者最近的时代，作者在记述历史事件的时候，情感越浓烈，顾忌也越多，越是不忍直言其事，而是以比较隐微的方式来表达，这就是"微其辞"。距离作者最远的所传闻之世，恩义渐轻，就可以直书其事，比较客观地看待问题。这也是《春秋》学中的书法问题。比较明确将"三世"对应于衰乱、升平、太平的就是何休，他在《公羊传解诂》中将所传闻世对应于衰乱世，将所闻世对应于升平世，将所见世对应于太平世。"衰乱世，内其国而外诸夏；升平世，内诸夏而外夷狄；太平世，夷狄进至于爵，天下远近大小若一"，这正是《春秋》学中所说的"世愈乱，而《春秋》之文愈治"。衰乱世、升平世、太平世，是社会逐渐从混乱走向大治，文明逐渐从华夏传播到全世界的历史发展过程，这一理论在后来为晚清的今文学派所发扬，被康有为、熊十力等人所吸收，在近代产生了广泛的社会影响，成为进化论传播的一个中国版本。

何休认为井田制是圣人所制，就是一夫一妇，给予田地百亩，其中公田十亩，其余为私田，公田在私田内部，另授房舍二亩半。在这个制度安排中，授房体现了贵人原则，公田在私田内部体现了重公原则，私田在外体现了贱私原则。在作物种植方面，谷物类要多种类种植，不能只种一种；田地内不能种树，不然会妨害谷物的生长，房屋周围，种一些桑荻杂菜，养一些鸡、猪。掌管农业生产的司空，要注意土地肥力的保持，要调节农户间农具牛马的使用，要注意技术的推广和交流，农户之间要相互接济资助。同时何休还特别重视教育，他主张孩童八岁入小学，十五岁入大学，优秀的学生就送到乡学。乡学中优秀的再送到庠中，进而再进入国学。特别优秀的学生就有授官授爵的机会，这也是中国选贤任能的传统。井田制是儒家一直以来坚持的国家的基本经济制度之一，体现了儒家的经济均平的理想，后代的限田制、均田制等田地制度都受到其影响，对中国历史的发展有重要影响。

二、五帝大道与三王谨礼：郑玄对《礼运·大同》的注解

汉唐时期，儒者在注解《礼记·礼运》的时候，多认为"大同"描述的是五帝时代的社会情状，而"小康"则是夏商周三代时期的历史，他们并没有去怀疑这段话是真为孔子所说，还是后

人假托。现存汉唐经说保留下来的很少，大部分都已经散佚了。现存比较完整的汉唐时期的作品是唐人孔颖达的《礼记正义》。唐朝的时候，唐太宗因为当时儒家经说有很多门派，对经书作的疏解特别繁杂，于是诏令国子祭酒孔颖达联合当时的名儒学者参考前人注疏，编订一套规范的经书解说文本。其中五经中的《礼记》最后的成本就是《礼记正义》。《礼记正义》采用的是郑玄对《礼记》的注解，除了郑玄经说，在唐初，疏义尚存者，有皇侃、熊安生两家。皇侃是南北朝时期梁朝的著名经学家，现存仅有《论语义疏》一书，此书南宋时曾亡佚，清乾隆年间从日本引回，收进当时所编的《四库全书》中，这本书也是南朝经疏仅存的一部。皇侃另撰有《礼记义疏》《礼记讲疏》《孝经义疏》等，但都散佚了。熊安生是南北朝时期北齐、北周的经学家，他沿袭东汉儒家经说，撰有《周礼》《礼记》《孝经》诸义疏，后来也都散佚了。《礼记正义》中尚且保存了部分皇侃、熊安生两者对《礼记》做的疏义。《四库全书》中说孔颖达所做疏义，乃是以皇侃的疏义为本，皇侃疏义不准确的地方就参考熊安生的疏义。在《礼记正义》中，郑玄非常笃定地说，所谓"大道之行"就是在指代五帝时期，皇侃也说《礼运》中大同小康这一段讲的是"五帝三王道德优劣之事"。孔颖达也说"大同"是在说"五帝之善"，至于"三代之英"，则认为这是代表了夏殷周三代的英异之主，比如像禹、汤、周文王、周武王等人。郑玄注《礼运》，并不避讳用道家的经典来释经，在解说"谋用是作，而兵由此起"一句时，他还引用《老

子道德经注校释》"法令滋彰，盗贼多有"这句话来解释，可见在
汉儒那里，儒道之分并不那么泾渭分明。在《汉书·艺文志》中，
儒家、道家同居子部，都是用来说明补充经书的，其实这也体现
了当时汉儒的一种开放意识。总而言之，对于《礼运·大同》的
解读，汉唐诸儒都是从历史发生学的角度，将大同与小康还原为
不同的历史阶段特征，视大同与小康的不同为五帝时代与三王时代
的不同。

其实，关于中国早期历史阶段，战国至汉已经形成所谓"皇
帝王伯"的划分，"皇"是指三皇时代，"帝"是指五帝时代，
"王"是指三王时代，"伯"也可称"霸"，是五霸之时。秦汉典籍
有很多这方面的记载，这逐渐形成了早期国人对于上古中国历史
的系统看法，"大同""小康"就是指其中的五帝、三王时代。如
《文子》中言："三皇五帝三王，殊事而同心，异路而同归。"（《文
子·精诚》）意思是说，三皇五帝三王，每个帝王生活的时代不
同，遭遇的事情不同，但他们治国理民的思路却是一样的，治国
理民的手段不同，但是其目的、效果却是相同的。《文子·上义》
又说："三皇无制令而民从，五帝有制令而无刑罚，夏后氏不负
言，殷人誓，周人盟。"意思是说，在过去，三皇没有法制命令
而民众顺从，五帝有制度法令而没有刑罚，夏后氏不违背诺言，
到了殷代人需要誓言才能约束住别人，周人要靠盟约才行。《管
子·兵法第十七》中说："明一者皇，察道者帝，通德者王，谋得
兵胜者霸。"意思是说，明白万物根本的，可以成皇业；掌握治世

规律的，可以成帝业；以德治国的，可以成王业；谋略必成、用
兵必胜的，可以成霸业。阮籍《通老论》说："三皇依道，五帝
仗德，三王施仁，五霸行义。"意思是说，三皇依道而治，五帝
以德治国，三王施行仁政，五霸以义治国。这些可说是道家的观
点。但以皇霸观来观照释读上古，并非道家一家的观点，儒家的
《公羊传·襄公二十九年》中，东汉何休注解说："孔子曰：'三
皇设言民不违，五帝画象世顺机，三王肉刑揆渐加，应世黠巧奸
伪多。'"意思是说，三皇之时，民风淳朴，三皇有所言而民众都
能顺从不违反；五帝之时，风俗渐薄，五帝设立象刑来使世人顺
从。象刑就是在犯人的服装上画下某种象征惩罚的图案来达到惩
戒的目的，汉代董仲舒《春秋繁露·王道》中说的"画衣裳而民
不犯"也是指的上古时代的这种刑罚方式。到了三王时代，事易
时移，民风劣薄已甚，三王于是用肉刑来威吓民众，肉刑就是加
于人肉体上的刑罚，比如在人的脸上刺字并着墨（黥刑）、割掉人
的鼻子（劓刑）、斩掉人的双脚（刖刑），最严重的就是直接将人
处死（大辟）。在这种时势下，奸巧伪诈的人也增多了。北宋著名
学者、政治家欧阳修还写过一篇《设言而民不违论》的文章，专
门讨论这个问题，强调了淳朴民风的重要性。而隋唐之际的大儒
王通《文中子中说》说："王泽竭而诸侯仗义矣，帝制衰而天下言
利矣。"意思是说三王的恩泽枯竭消失，诸侯才开始以义行事；帝
制衰败，天下才纷纷争夺利益。又说："强国战兵，霸国战智，王
国战义，帝国战德，皇国战无为。"强国以军事实力取胜，霸国以

智谋取胜，帝国以道德来竞争，皇国则无为而治。

《礼记》成书于西汉中后期，汇集了战国至汉初的丰富资料，至东汉后期，才由郑玄做注。郑玄（127—200），字康成，北海高密（今山东高密市）人，他是东汉末年的经学大师，曾经遍注群经，调和今古，结束了以前今古文经学纷争的局面，实现了经学的统一。郑玄小时候家里很贫穷，生活困苦，没有条件让他专门攻读，父母兄弟迫于生计问题，也都不允许他再不事产业而长年读书。在十八岁那年，他不得不出仕，充任乡啬夫之职，郑玄在任上勤勤恳恳，十分认真，抚恤孤苦，甚得乡里的好评，不久便升为乡佐。

郑玄不安于乡吏的工作，不愿为吏以谋生，一心向往研究学术。因此，他在做乡吏的同时，还利用一切可以利用的机会刻苦学习，每逢休假日也不回家，而是去学校向先生请教各种学术问题。他的父亲兄弟对此极为反对，并一再督责和训斥他。但父、兄的反对也改变不了郑玄的志向，他仍坚持不懈地努力

郑　玄

学习，到二十一岁时，郑玄已经博览群书，具有了深厚的经学功底，并精于历数图纬之学，兼精算术。后来他离开家乡，周游四方，访问名师。在京师时，他拜第五元先为师，学习《京氏易》

《公羊春秋》《三统历》《九章算术》，又跟随张恭祖学习了《周官》《礼记》《左氏春秋》《韩诗》和《古文尚书》，最后他向当时著名的古文经学大师马融学习，学问得以大成。等他学成回乡的时候，已经四十多岁了，当时他家里还很贫穷，于是他一面种田维持生计，一面教授门徒。汉灵帝时期，郑玄受到"党锢之祸"的牵连，被朝廷禁锢，于是他闭门不出，集中精力注解群经，最终成为中国经学史上最有影响力的经学家之一。

郑玄注《礼记·大同》，表达了以下几层意思：一、大同时期大位传续采用禅让制，小康时期天子之位是由父传子，无子则兄传于弟，以家庭内部为限；二、"不独亲亲，不独子子"是孝慈之道的推广，是天下为公的体现；三、大同时期无匮乏之患，男都有职位，女都能嫁入良善之家；四、大同时期风气良好，人人不吝惜自己的劳力，崇尚辞让，仁厚之教深入人心。

在郑玄的注解中，他是明确赞同大同与小康之间是存在优劣之分的，他肯定了所谓"谋用是作，兵由此起"违反了大道敦厚朴素的本质，大道之人对于礼、对于忠信，"均以为薄"。这种观点确实和老子鄙薄忠信的观点十分相似，郑玄也没有刻意去区分他与老子的论点，甚至还引用老子的话来注解《礼运》，这也显示当时儒道之分的正统观念还不强烈。孔颖达的疏义继承了郑玄的观点，孔颖达说："五帝犹行德不以为礼，三王行为礼之礼。"又解释郑玄将小康理解为小安："行礼自卫，乃得不去势位，及不为众所殃，而比大道为劣，故曰'小安'也。"(《礼记正义》)这里孔颖达说小康比大道伪劣，也在一定意义上否定了礼义在儒家中的至高地位。这一点为后来的宋明儒者所不能接受，他们纷纷质疑，如果依照郑玄、孔颖达的解释，那么儒家之礼岂不如道家之毁弃礼义吗？这一怀疑其实是有合理性的。近代史学家刘咸炘就指出了其中存在的问题：第一，大位传子的制度不是从大禹开始的，也不是三代始创，在五帝时期已经存在；第二，《礼运》一篇前面说三代之英，后面说先王承天治人，又举夏商之礼，如果六君子之道不足以继承，那与前后所说的观点就相悖了；第三，《礼运》一篇核心是论述礼的历史变化，如果依礼治国仅仅是小康的效果，那么子游应该问孔子致大同之道，而不是在后面说一些"礼之急也"的话来申述礼是多么重要；第四，既然大同文义是贱礼，那孔子为何不详言其道，而只是虚拟其象。如果说选贤举能就是其道路，那刑仁讲让为何只能达到小康的效果？[1]刘咸炘指出了作为儒家治道核心的礼与大同的关系问题。如果大同与礼制之间存在鸿沟，而大同又在更高层次上，那儒家坚持礼制的基础就动摇了，儒家所信奉的仁义礼教就受到了挑战，这是儒者所要深思的问题。宋明时期，学者多以否认此篇为孔子所说来解决这个问题，之后我们将对此进行详述。

1　参见刘咸炘：《推十书·左书·礼运隐义》，上海：上海科技文献出版社，第94—95页。

三、太初社会：汉代的道家理想国

　　道家鄙弃社会规范，提倡治道自然的看法在战国以后的漫长时期也得到继承，每当社会混乱不安、人民生活困苦时，总有人怀想远古，想象这种脱离现实的理想国。汉代的《淮南子》也有这种倾向。《淮南子》也叫《淮南鸿烈》，"鸿"是大的意思，"烈"是明的意思，"鸿烈"就是宏大光明的意思。这部书是由西汉的皇室贵族淮南王刘安（前179—前122）联合他的门客写成的，这些门客中既有道家人物，也有儒家人物，整部书糅合了儒、道、阴阳、法家等诸家的思想，而以道家思想为主，提倡天道自然，无为而治。主持编纂这部书的刘安是汉高祖的孙子，汉文帝十六年，他承袭父亲的淮南王爵位，他喜欢读书鼓琴，也喜欢招揽贤士，有记载说他招有宾客方术之士达数千人，可能也因此他被皇帝怀疑存有异志。后来刘安因为谋反被人告发而自杀。与其他的道家作品一样，《淮南子》同样托古言事，把美好的时代定位于黄帝时代，甚至更早的伏羲时代。黄帝时代的政治强不掩弱、众不暴寡，人民都能自然寿终而无夭折之事，农作物都能按时成熟而没有饥荒之年，负责治理的百官公正无私，法令明白无欺，辅佐君主的臣子能够不阿附上位，种田的人不随便破坏疆界，打鱼的人也不去争鱼群积聚的地方，道不拾遗，也没有盗贼出没，民众和乐，也没有愤争之心。达到这些效果，会出现各种祥瑞，如"日月精明，星辰不失其行，风雨时节，五谷登孰，虎狼不妄噬，鸷鸟不妄搏，凤凰翔于庭，麒麟游于郊"(《淮南子·览冥训》)，这种描述其实与儒家也有类似之处，儒家理想同样也是圣君贤相在朝，下民耕织在下，风调雨顺，岁无饥荒，政治清明，盗贼无有。而且，儒家的重要经典《春秋公羊传》也是将麒麟降世作为天下太平的象征。不过《淮南子》不同的地方是它在勾勒一个几乎能够得到诸家学派共识的理想蓝图的同时，又提出伏羲时代的理想。伏羲时代的人民都同于自然，尚且没有从混沌时代中走出，睡着时无忧无虑，醒着时茫然无知，有时自以为马，有时自以为牛，行动时稳重迟缓，看东西模糊不清，淳朴自然与天地合一。在这里，《淮南子》作者不再描述作为文明时代象征的社会机构及人类与动物相区别的情感智慧，因为这个时代，这些都不存在，对于道家来说，这才是他们最终所想要追求的境界，尽管在人类智巧不断发展的现实下，这样的理想是渺茫的。《淮南子》作者也意识到往者不可追，无限地要求返回远古是不可能的，而黄帝时代的政治虽然高远却是可以去实现的，至于实现的方法，倒与儒家《大学》的修身齐家治国平天下的身—家—国—天下模式十分类似，都将天下的安定集归于修身见性上，特别是君主的心性修持。《淮南子·诠言训》里说，治理之本，在于安民；安民之本，在于满足民众的用度。想达到这个目的，最重要是勿夺民时；勿夺民时的根本，在于减少徭役；减少徭役的根本，在于节制欲望；节制欲望的根本，在于返回本性；返回本性的根本，在于去掉心理负担。在这里，《淮南子》的言说对象无疑是君主，君与民相对，安民、省事、节欲、返性的主体自然是作为治国主体的君主和辅助君主的官僚贵族集团，如果君主都够明心见性，无欲无求，一言一行都能合于自然，那么天下自然安定，这种将社会秩序的重塑改良最后归结于统治者心性修养的看法在中国文化史上流传深远。宋明理学的"格君心之非"也可以看作这种传统的流裔，理学大师朱熹在给宋朝皇帝上疏中强调皇帝的反身而诚，明末的心学大师刘宗周在给明思宗朱由检的谏议中要求皇帝慎独治心，都反映了在中国的政治传统中，政治家的道德修养被认为与天下的治乱安危息息相关。我们不能断定宋明理学"格君心之非"是否受到了道家思想的影响，但由身及于天下的治理模式是儒道两家共通的。

与公羊学家将历史发展的规律总结成"三世说"相类似，道教经典《太平经》则将人类的社会存在划分为太平、中平和不平三种状态。《太平经》又称《太平清领书》，是我国早期道教的一部重要经典，相传为东汉于吉所写，共一百七十卷，原书已经散佚，现存明代修撰的道藏本五十七卷。《太平经》解释"太平"二字分别与"天地"相对。"太"就是大的意思，宇宙间没有比天更大的东西，所以"太"以天为根据；平是说治理国家要注重平均，没有什么事情是照顾不到的，没有什么事情是不公平的，就像大地一样公平地对待一草一物。《太平经》依照这种均平标准，把人类社会的发展变化分为三等，即太平、中平和不平。君王在太平时可以安枕而治，在中平时就要努力去做到均平了，到了不平的时候就要"以道自辅"。

《太平经》作者认为人无贵贱之分，都是上天所生，人们之间应该友好相处，不互相侵犯。在作者看来，人人都应该用自己的劳动去创造自己的美好生活，而不能不劳而食。但社会上总难免有一些努力工作却不能满足生活需要的人，这时就需要整个社会的救助，这种救助主要以两种方式进行：一是当政者的赐予，"见饥者赐以食，见寒者赐以衣"，这实际是要求以国家财政的力量对经济困难的民众进行救助。二是希望富人能周穷济急，这实际相当于作者希望通过社会慈善事业的发展来救助穷苦之人。如果家财万贯却不能救穷济急，那就违反了天道，因为财物是天地所生来行仁爱之道的。这种理由无疑只表达了作者的主观愿望。

《太平经》作者还将社会消费分为三类：一是生活必需的消费品，即作者说的"二大急，一小急"，"二大急"就是饮食与男女，"小急"是衣服。二是不必需的奇伪之物。三是纯粹追求物质享受的产品，为的是过穷奢极欲、声色犬马的生活。这三种消费品中，第二类和第三类都很容易造成浪费，加速社会不公，是太平社会所不允许的，作者理想中太平社会的生活标准是"衣温饭饱，礼费相随"，也就是说除了吃饱穿暖之外，还包括礼尚往来和吊死问疾所必需的费用。

在社会劳动力使用上，《太平经》作者看重人的独特性，希望能够发挥每个人独有的智慧和才能，依照每个人的不同特点进行劳动力的分配。他说，古代的大圣大贤，任用人才都是先知道这个人有什么长处，有什么短处，然后才给予工作岗位。总的来看，《太平经》表达了人民的某些生活愿望，因此也被农民起义领袖拿来作为起义的思想武器。例如东汉黄巾起义的张角就是利用传教进行农民起义的组织工作，领导了黄巾起义。

除了"太平道"，"天师道"教主张鲁掌政汉中近三十年，在那里施行了一些措施以实现他的理想。张鲁的祖父张陵是"五斗米道"即"天师道"的创始人，他们祖孙三代都传播"天师道"，到张鲁时，他雄踞汉中，在汉中建立了一个宗教政权。在他的管辖范围内，不设官吏，而以祭酒代之。每个祭酒管理的范围内都设有"义舍"，"义舍"向所有的过往行人提供免费食宿。

第四章

魏晋至隋唐时期的大同思想

魏晋南北朝时期，中原大地长期处于政治分裂、社会动荡、南北对峙的局面，但也是这个时期，族群大融合加速，中华民族进入了长时段的大交融时期。进入中原的胡人政权最后统一为北魏，且进入了深度的汉化阶段。北方士大夫以大一统的大同理想影响统治者，深入参与北朝的政权与文化建设，北魏大臣高闾就是其中的代表人物之一。他在与魏孝文帝的交流中提出了"天下大同"的命题，推动了民族大融合，为隋唐大一统奠定了思想基础。子部著作《刘子》讨论了大同思想的学派归属问题。南北朝之后，中国重建了大一统王朝，即隋、唐二代。隋唐时期，中华民族进入了空前繁盛的发展阶段。然而，安史之乱后，唐朝由盛转衰，藩镇割据的局面形成，有识之士开始思考挽救国家颓势之策。著名文学家、思想家如白居易、皮日休等在文章中提倡大同思想，追求建立统一安定的国家，以实现民众生活的稳定安宁。

一、风轨齐一、大同无为：南北朝时期的大同论

高闾，北魏大臣，字阎士，本名高驴，渔阳郡雍奴（今天津武清区）人。高闾小时候父亲就去世了，但他从小喜欢学习，人也聪明，对于经史典籍非常熟悉，而且非常擅长写文章，因此受到当时北魏权臣崔浩的赏识，其名高闾就是崔浩所改。文明太后主政时期，高闾受到重用，得以参与朝政。高闾是典型的儒家士大夫，他的思想影响了北魏统治者，推动了北魏政权的汉化进程。

高闾经常与魏孝文帝讨论治国理政的大问题。在一次讨论中，高闾对魏孝文帝说："天下大同，风轨齐一，则政出于天子；王道衰，则政出于诸侯；君道缺，则政出于大夫。"（《魏书·高闾传》）意思是说不同的政治环境会导致不同的治理效果。如果天下以天子为尊，天下就会太平，风俗便能统一；若天子失权，政权落入地方诸侯或地方官手中，那么大家就会各行其是，政令不均，没有统一的价值标准和行事依据，风俗统一就不会实现；如果政权被大夫所掌握，那么不仅王道无法实现，君臣之道都会暗昧不明。从这里可以看出，高闾认为天下大同的首要政治前提是确立高下分明的政治体制，保证政治的稳定高效运行。高闾引用了《诗序》之语证明这一点，《诗序》说："王道衰，政教失，则国异政，家殊俗。""国""家"异政异俗的原因是王道衰，政教失。天子想要天下大同，还要施行王道政教。

《刘子》也论及大同，并将其更多地与道家相联系。《刘子》是南北朝时期一部重要的子部文献，最早见录于《隋书·经籍志》，但没有写明撰者姓名，所以其作者一直有争议。主流观点一般认为作者是北齐思想家刘昼。《刘子》共五十五篇，最后一篇是《九流》，论述九流诸子的思想主旨。九流之中，《刘子》认为以儒、道最为重要，所以《刘子》的思想以儒、道为主。儒、道两家均主张教化人世，刘昼称道家教化为"玄化"，称儒家教化为"德化"。"夫道以无为化世，儒以六艺济俗。无为以清虚为心，六艺以礼教为训。"（《刘子·九流》）儒、道两家相比，道家清虚无为，儒家则重礼教，依此分别，道家更重内心之修炼，而儒家则以外在规范的礼教为重。儒、道两者的教化方式不同缘于时代差异。刘昼说："若以教行于大同，则邪伪萌生；使无为化于成、康，则氛乱竞起。"（《刘子·九流》）无为和礼教都作为教化方式，却是适用于不同时代的，两者不能说谁有绝对的优势或劣势。在此处，刘昼提到了"大同"，这里的"大同"是与下一句的"成、康"并列的，"成、康"指周成王、周康王时期，是周代一段有名的太平时代。与"成、康"并列的"大同"明显采用了《礼记·礼运》的典故，指代尧、舜时代，而"成、康"则代表小康时代。时代不同，治法也会产生差异，刘昼认为适合"大同"时代的治法就是道家的无为，适合"成、康"时期的治法就是儒家的礼教。两种治法不能交互使用，如在"大同"时代推行礼教，在"成、康"时代实行无为，都会引发社会混乱。因此，刘昼对于儒、道的看法不同于所谓"儒道互补"或者"道内儒外",他认为儒、道属于不同时代的不同治法,儒家的礼教适合治理"成、康"之后的时代,而道家所适合的"大同"时代已经远去,在礼教盛行的小康时代,道家只适合刘昼所说的"嘉遁之士",即隐士。因此,《刘子》所言大同与礼教相对立,延续了《礼记·礼运》的思想,并强化了"大同"属道、礼教属儒的诠释方向。

二、大同之俗:白居易论大同

隋唐时期,谈及"大同"思想较多的思想家是白居易和皮日休。白居易,字乐天,号香山居士,唐代著名的诗人、文学家。白居易在文章中多次论及"大同",其中一篇为《中和节颂》。唐德宗在二月份上巳日设立了一个节日,名为"中和节",这篇颂词就是为此事而作的。其序中有言"垂万祀以摅无穷,被四表以示大同"。这里的"大同"表示统治者统治范围的广阔,"四表"出自《尚书·尧典》中的"光被四表",是"四方"之义,显示统治者治效突出,天下四方都在王化之内。这显然是白居易对皇帝的颂扬之辞。

相比这篇颂词中的"大同"运用,白居易其他文章中所提及的"大同"更值得分析。在《礼部试策五道》第三道中,他讨论了礼乐与大同的关系,他说:"上下之大同大和,由礼乐之驯致也。"也就是说礼乐是达致大同的方法,这种认识与《礼运》所主张的礼教为小康治法的认识有所差异。当然，白居易所言"大同"与《礼运》的"大同"本就不同，《礼运》"大同"是一种社会理想，而白居易的"大同"则更多指天人之间的相互感应，而礼乐则是天人之间进行沟通的方式，白居易说："岂不以乐作于郊，而天神和焉？礼定于社，而地祇同焉？"通过礼乐，人可以和天地神祇沟通，进而实现和同。所以白居易在这篇文章中表达的大同更多是宗教意义上的大同。

白居易对社会意义上的"大同"理想的表达体现在《策林》系列文章中，《策林》是白居易为应对科举考试而撰写的文章，文章多以探讨当时时势为主题。在第二道《策项》中，白居易讨论了如何将国家推向太平大同的问题。他强调了帝王垂范和风俗化成的重要性，在白居易看来，教化是最重要的政治，也可以说政治本质上是教化，他形容太平大同为"太平之风，大同之俗"，"太平""大同"最终代表一种淳朴自然的风俗养成或者安宁祥和的生活状态。所以，白居易显然认为"大同"的重要方法就是教化。而教化的施行，依赖自上而下的传导机制，因此，在以教化为核心追求的政治机制中，君王是极为重要的，白居易说："化之善否，系乎君之作为。"教化施行的效果，关键在于君王的作为。这就要求君王起码符合两方面的要求，第一是君王应施行有利于民众教化的公共措施，白居易建议君主奉行"恭默清净之政""贵德贱财之令"。第二是君王自身的德行足以为人示范，白居易所提出的是"恕己及物之诚"和"养老敬长之教"。

其后，白居易提出了更为具体的规范，包括君王首先要慎言语，口不戏言，身不妄动。君王的一举一动都会被朝野、天下所得知，所以一言一行都要一丝不苟。这是慎始。慎始之后还要敬终，需有始有终，教化非一日之功，谨防日久懈怠，而使道有废弛。白居易提出了一个为政原则——以天下心为心，以百姓欲为欲。与之相对应的是以己心为心，以己欲为欲。这实际是希望君王或更庞大的治理阶层能够节欲省心，从更加广泛的天下百姓利益出发思考问题，规范自身行为，制定政治措施，如此才有事半功倍之效。此外，白居易也注意维护君王的权威性。他认为"大同"理想中的齐俗、一心，必然教令统一才有可能。"然则令者，出于一人，加于百辟，被于万姓，渐于四夷"，教令由君王而出，至于百官，至于万民，最后影响外夷。"大同"的前提就是政治上的大一统。不过白居易强调，君王的权威性获得不仅仅是一种制度或文化上的规定，更应该是基于君王德行的事实。他说圣王以礼自我要求，以法度规范自身行为，有诸己而后求诸人，才能顺利推行其令。这就对君王提出了很高的道德要求。最后，白居易提出了详尽的改革主张，涉及选官、兵制、田制、养老、治贪、救灾等等，不一一赘述。

白居易的"大同"思想不同于北朝《刘子》的"大同"思想，刘昼认为大同时代的治法是道家无为之道，而不是儒家的礼教，体现了一种儒、道分流的主张。然而白居易则更倾向于儒、道一体，认为儒、道在实现"大同"社会时可以相辅相成。白居易认为，致于"大同"的清净宽简之道属于黄老术，不管是一座城池、一个国家，甚至整个天下，都可以用清净宽简的黄老之道治理，白居易在举例论证黄老术的成功应用时，举了西汉曹参、汉文帝和汲黯的例子，他们都是成功运用黄老术的代表。此外，白居易还提及了宓贱，他说宓贱得黄老之道，"不下堂而单父之人化"。

宓贱，即宓子贱，名不齐，字子贱，是孔子的弟子，名列七十二贤。在《论语·公冶长》篇中，孔子曾称赞宓子贱是君子。《史记·仲尼弟子列传》记述说，子贱担任单父宰后，曾向孔子汇报其治理情况，孔子感叹："惜哉不齐所治者小，所治者大则庶几矣。"也就是说孔子认为，依照子贱的能力，治理一座城池还是太小了，子贱应该可以治理更大的疆域。可见孔子非常欣赏子贱的能力。子贱是如何治理单父这个地方的呢？《吕氏春秋·察贤》篇云："宓子贱治单父，弹鸣琴，身不下堂，而单父治。"后世即以子贱"身不下堂，而单父治"作为子贱政治能力的体现，也多以为"身不下堂"是无为之治的一种体现。白居易也这样认为，他认为孔子弟子能行无为之道，说明儒、道之间并没有不可调和的矛盾。相反，儒、道同样都主张政治的清静无为，这是走向"大同"、形成和平淳朴风俗的主要政治方法。

皮日休作为晚唐时期的思想家，在其名为《河桥赋》的文章中也表达了对于"大同"的向往。晚唐时期，国家已显衰败之象，处于风雨飘摇之中，皮日休更是命运多舛，曾被黄巢军俘获并担任过黄巢的翰林学士。他在《河桥赋》中描述了大禹随山浚川、治理洪水的功绩，表达了对前王之道的向往。前王之道为何？皮日休将其概括为："在水则河桥晓济，在陆则四关尽开。水之与陆，一贯而来。所以大同其轨，广纳其材。"前王之道有水有桥，有陆有关，四通八达，水陆一贯，天下大同，人民无须担忧溺水的风险。这里的"河桥"与"四关"显然是一种隐喻。皮日休《文薮序》云："虑民道难济，作《河桥赋》。"表明皮日休作此赋，实际上是希望统治者能够效法先王，特别是学习大禹，救民于危难，给人民一条生存之路、生活之桥，能够帮助人民渡过河流的险阻。

三、太古与桃源：道家主张与诗文理想

三国两晋时期的阮籍、嵇康都向往远古社会。阮籍、嵇康都是著名的文学家，也是"竹林七贤"中的领袖人物。阮籍（210—263），字嗣宗，河南人，处于魏晋易代之际，父亲阮瑀是建安七子之一。阮籍忠于曹魏政权，但在他为官的时代，司马氏的权力已然无人能及，这就让阮籍在正统的曹氏政权与有篡权嫌疑的司马氏集团之间左右摇摆，他在精神上极为痛苦。阮籍对现实不满，而他又找不到解决的出路，于是向往一个太初社会。在太初社会里，无君无臣，人们无欲无求，无富无贫，无贵无贱，每个人都自觉地遵纪守法，人与人之间没有利害冲突，也没有强者压迫弱者的情况，大家都恬淡自然，不用巧智，这自然也是道家追求的人要与自然宇宙浑然同一的境界。嵇康（224—263）与

阮籍一样，但他与曹魏政权的关系更为密切，他的夫人是魏朝皇室曹休的女儿，这使得他和司马氏集团的关系不可调和。后来，他遭人构陷，被司马昭杀害。嵇康崇尚自然，他的名句是"非汤武而薄周孔""越名教而任自然"。他主张超越名教的束缚，追求人性的自由。他写诗说"延颈慕大庭，寝足俟皇羲"，"大庭"即大庭氏，是远古时期的圣王，郑玄认为大庭氏就是神农氏，"皇羲"指的是作为三皇之一的伏羲。嵇康所向往的时代是处于黄帝之前的三皇时代，也是我国传说中的最早时代。这个时代君主和民众都各自相安，君主生活得朴素，民众之间也和睦相处，没有竞争冲突，人民的生活就是吃饱了睡觉，饿了就去寻找食物，大家快快乐乐地挺着肚子，也不知道这个世界是好是坏。君主的统治方法就是顺应自然，以万物为心，不把自己的私欲加于天下。在这里，嵇康与先秦的道家一样，鼓吹无欲无求，无为之治，这可以在君主权力不断膨胀的现实下作为限制君权的一种思想资源，只是这种理念上的君主无为思想始终没有转化为制度上的对于君权的限制，他们也只能要求君主自身道德上的自觉，于是我们看到在很多道家人物的作品中往往要求君主本身能够涤荡情欲，顺天而动，这虽然在哲学本体论上更为根本彻底，但在现实中不如制度限制更容易收到效果。

在魏晋之际，有一位思想家鲍敬言，他反对统治者无休止地剥削人民，正是统治者的剥削压迫让人民劳碌不已，极端困苦，"食不充口，衣不周身"，人民的劳动成果都被剥削而去。他非常愤慨这样的社会现实，设想在一个比三皇时代更加久远的太古时代，有一个无君无臣的没有任何压迫者的社会，那里没有军队武装，没有徭役赋税，大家凿井饮水，耕作田地获得食物，日出而作，日落而息。人民生活悠然自得，没有蝇营狗苟，没有残酷竞争，只是一派宁静祥和的状态。那时候交通也不发达，社群之间互不来往交流，河中没有船只，山中没有道路，这种状态也避免了冲突和相互侵伐情况的发生。鲍敬言的这种描述和老子的"小国寡民"很相似，他们都希望有一个封闭的不与外界相通的社会，大家互不交流，也不相互侵扰，只是过着自给自足的平淡生活。

这种消极避世的思想虽然在传统儒家社会并不占主导地位，但也代不乏人，唐宋时期也都有这种思想的闪现。唐末社会战乱不休，知识分子不满于社会现实，往往或者参与到改革现实的活动中，或者从事理论活动，构想社会的理想方案，《无能子》就属于后者。无能子是一个唐末小吏，他从历史的发展角度将人类历史分为四个阶段。第一阶段，人和动物尚无分别，人和动物过着一样的生活，雌雄牝牡相合都是自然发生的，不会有男女夫妇的区分，也没有君臣父子的区别。人们就住在自然形成的洞穴中，不会建设房屋，饮食都是茹毛饮血，也不会种植百谷。一切都是天真自然，人类机心未开，"濛濛淳淳"。到了第二个阶段，人开始脱离纯粹动物阶段，开始种植百谷，开始建造宫室，开始有婚嫁之礼，开始有男女之别，人类的情意初生，但还没有人类的自觉秩序即政治社会的产生。第三阶段，礼义名教产生，开始讲求君臣之别、父子之序，同时贵贱贫富的差别也开始产生并扩大，人类开始有了是非荣辱和道德观念。第四阶段，人类因为嗜欲日盛，开始背弃自己的道德观念。为了制止社会秩序崩溃，法制刑罚和军队开始建立。无能子认为正是各种制度礼义和道德观念的限制让人类进入了一个纷乱不休的状态，他希望能够返回到人与动物不分的时代，回到淳朴的大自然中去。因此他也要求将一切文明时代的产物都尽数抛弃，他严厉批判君臣之分、尊卑贵贱之分和贫富差别，也否定忠孝仁义这些价值理念。要做到这些，其根本就是要做到无心，无心则无欲无私，也就是无为，由此他将他理想社会的达成建立在每个人的心性修养上，他希望每个人都能够回到原来纯朴无私的状态，无欲无求，与世无争，这显然已经落入了一种空想当中。

有一些文学作品用形象生动的语言描绘了理想社会秩序，魏晋南北朝时期著名诗人陶渊明的《桃花源记》可为代表。

陶渊明（352 或 365 或 372 或 376—427）的《桃花源记》描绘了一个非常美好的田园世界。这篇文章讲了这样一个故事：在东晋年间，有个武陵人靠捕鱼为生。有一次他沿着小溪划船，往前行，也不知道走了多远，忽然他遇到一片桃花林，那片桃花林十分美丽。溪水两岸几百步以内，中间没有别的树木，花和草鲜嫩美丽，地上还落了很多花瓣。渔人对此感到非常惊异，于是他又向前划去，想走到那片林子的尽头，看看里面还有什么。桃花林在溪水发源的地方没有了，渔人看到一座山，山边有个小洞，

隐隐约约好像有光亮。渔人就舍弃船上岸，从小洞口进入。起初
洞口很狭窄，仅能容一个人通过。渔人又向前走了几十步，视野
一下子变得开阔了。只见土地平坦宽阔，房屋整整齐齐，有肥沃
的土地，美好的池塘、桑树竹林之类。田间小路交错相通，村落
间还能听到鸡鸣狗叫的声音。村里面，来来往往的行人，耕种劳
作的农民，从他们的衣着装束上看，他们完全像桃花源外的世人，
老人和小孩都高高兴兴，自得其乐。

　　桃花源的人一见渔人，竟然大为惊奇，问他是从哪里来的。
渔人细致详尽地回答了他们，人们就把渔人请到自己家里，摆酒
杀鸡做饭款待他。村里人听说来了这么一个客人，都来打听消息。
他们说他们的祖先为了躲避秦时的战乱，就率领妻子儿女和同乡
人来到这个与外界隔绝的地方，不再出去了，于是就同外界的人
隔绝了。他们问渔人现在是什么朝代，他们竟然不知道有汉朝，
更不必说汉朝之后的魏朝和晋朝了。这个渔人给桃花源居民详细
地诉说他知道的事情，他们听了都很惊叹惋惜。其余的人又各自
邀请渔人到他们家里，然后拿出酒菜饭食来款待他。渔人在桃花
源住了几天，告辞离开。这里面的人告诉他说："这里的情况可不
能对外界的人说啊！"

　　渔人出了桃花源后，找到了他的船，就沿着先前的路回去了，
他一路上处处标上记号。渔人到了武陵郡，便去拜见太守，向太
守禀报了桃花源的情况。太守立即派人随同他前往，寻找先前所
做的记号，结果迷了路，再也找不到通向桃花源的路了。

这梦幻一样的故事在后来产生了巨大的影响。我们看到在桃花源，"土地平旷，屋舍俨然，有良田美池桑竹之属。阡陌交通，鸡犬相闻。其中往来种作，男女衣着，悉如外人。黄发垂髫，并怡然自乐"。这里风景优美，经济自给自足，没有生存之虞，每个人的精神状态都很好，怡然自乐，没有什么富贵贫贱的区别，为人都很淳朴善良。陶渊明生活在东晋末年到南朝宋初期，那时候北方战乱，南方权臣刘裕掌权，渐有篡晋趋向。陶渊明是晋朝勋贵的后代（他的曾祖父是陶侃，官至大司马，是当时的名臣），朝廷乱局使他更愿意逃离官场，归隐田园，《桃花源记》这篇文章正反映了陶渊明心中的理想田园乡村生活的秩序。以后"桃花源"一词也成了人们理想社会的代名词。

文学作品中的理想社会描述很符合文人们对于人伦道德、经济生活、社会秩序的要求，这些文学描述尤以《桃花源记》为典型，后来的诗人骚客有许多诗词都在描绘自己心中的桃源画面。唐代王维《桃源行》一诗中说："春来遍是桃花水，不辨仙源何处寻。"唐代刘禹锡有《桃源行》诗："桃花满溪水似镜，尘心如垢洗不去。仙家一出寻无踪，至今水流山重重。"宋代梅尧臣也有《桃花源诗》，诗中说："武陵源中深隐人，共将鸡犬栽桃花。花开记春不记岁，金椎自劫博浪沙。亦殊商颜采芝草，唯与少长亲胡麻。岂意异时渔者入，各各因问人闲赊。秦已非秦孰为汉，奚论魏晋如割瓜。英雄灭尽有石阙，智惠屏去无年华。俗骨思归一相送，慎勿与世言云霞。出洞沿溪梦寤觉，物景都失同回楂。心寄草树欲复往，山幽水乱寻无涯。"宋代李纲有《桃源行》，诗中说："何须更论神仙事，只此便是桃花源。"宋代苏轼有《和陶桃花源》，诗中说道："桃花满庭下，流水在户外。却笑逃秦人，有畏非真契。"近代康有为也说："闭门菜甲渐成圃，避地桃花亦有源。"这些诗句可见文人心中对美好生活的祈求，其实细究起来，诗文中的理想桃花源多近于道家对一个社会理想秩序的描述，他们描述的生活很像是一种与世隔绝、没有礼法干预的隐居生活，老少尊卑的人伦秩序都能自然而然，没有拘束。文学作品往往长于想象，多抒发情感，充满了文艺作品的浪漫主义，可以表达作者的细腻充沛的情感，却难以对社会现实产生实际的影响。

第五章

宋明时期的大同思想

　　儒学在消沉了几百年后，在宋朝得以复兴，并牢牢占据了思想的主流。在大同思想的诠解方面，张载和王夫之最为典型，他们对"大同"与"小康"的关系做了自己的理解，肯定了《礼运》中大同思想的真实性。张载、王夫之在思想上有传承性，王夫之以"希横渠之正学"为志向，两人都以礼为中介，将礼看作达致大同社会的不二手段。这一时期，对《礼运》大同思想的怀疑达到了高潮，有不少学者认为大同思想受到了道家影响，其中不乏一些极具影响力的学者，如吕祖谦、黄震、陈澔等，也有不少人坚持《礼运》文本的真实性，这种争论在宋以后一直持续，众说纷纭，莫衷一是。

一、谨礼而致大同：张载、王夫之的大同思想

　　张载（1020—1077）是北宋时期的理学大师，他对中国思想

的影响甚为深刻。青年时期的他很有少年的英气，有任侠风格。他生活在关中地带，当时这个地区靠近西夏。西夏元昊经常侵扰北宋边地，所以张载对西北的防务问题十分关注。有一次，张载谒见当时主管西北防务的范仲淹，范仲淹不鼓励他的任侠行为，劝导他改变人生志向，弃武修文。由此张载开始研读佛教、道家著作，最后他返归六经，创立了"关学"体系。其所提出的国家治理思想是一套严密的制度体系，其体系由"井田制""分封制"和"宗法制"组成。实行井田制的目的是实现均平，他的田地制度设计详密，考虑了田地的高低贫瘠程度，他也意识到，要实行均田，下层民众自然会赞成，关键是说服占有众多土地的富人。对于这些富人，他希望通过设置"田官"一职来解决问题，占有土地越多的就授予他相应更高的官职，用官员俸禄来弥补他丢失土地的租税损失。占的地越多，授的官职就越大，俸禄也就越多，

宋代"关学"代表——张载

他希望通过这种方式来换取改革的顺利进行。当然，"田官"获取较高俸禄的措施不能一直实行，一二十年后，待改革完成并进行顺利，官员的选拔仍然要选贤举能。他还特别注重人与人关系的维持，因为天下之人都是天地所生，他希望大家都发挥民胞物与的精神，"尊高年，所以长其长。慈孤弱，所以幼其幼。

圣其合德，贤其秀也。凡天下疲癃残疾，惸独鳏寡，皆吾兄弟之颠连而无告者也"（《西铭》），大家都相互友爱，相互照顾，儒家的人伦精神深入人心，社会的风俗淳朴。这篇文章是北宋道学的经典之作，从普遍理性、宇宙整体意识的高度论证了儒家的理想。在张载看来，生命个体都是阴阳二气大化流行的产物，所以他称天为父，称地为母，人类作为渺小的存在都一起生活在天地之间，不能脱离天地人群而独立存在。而且整个人类群体就像一个大家庭，君王是"吾父母宗子"，大臣是"宗子之家相"，这是中国人化家为国的意识的表达。中国自古以来都以家国为一体，君主自居父兄，而父兄以养育教化百姓为天职；臣民自居子弟，子弟则以承事君父为天职。这在现代人看来难免有压迫与被压迫的关系存在，而古人则不如此看。因为父兄对于子弟的养育和管教，实是天授，古人不会想到父亲教育儿子，对于儿子来说是一种压迫或剥削，抑或是对自由的干涉种种。既然大家同处天地，同为天地一气所生，同为一家，那大同理想中四海一家的期许就不是一句无来由的空话了。

张载还对《礼运》篇做过具体诠释，其材料保留在南宋学者卫湜的《礼记集说》中。他主要以礼义来弥合大同与小康之间的鸿沟，在普遍的见解中，小康是典型的以礼义为治的社会，而大同则是大道的自然流行，与礼义并无关系。张载不这样认为，他屡次说："大道之行，由礼义而行者"，"若夫大道之行，则礼义沛然"，"谨于礼，则所以致大道之行"。这些话都出现在他释解《礼运·大同》的文字当中，这些话出现的频率之高，可见他对于礼义的重视程度。他认为大同与小康并无本质的不同，两者只是对礼做得尽与做不尽的差别。正如大同之世"不独亲其亲，不独子其子"与小康之世"亲其亲，子其子"的区别，表面看来两者是对立的，其实两者只是程度的差别，而不是本质的差异，两者对于仁爱的等差推广是一致的，亲亲子子是天伦，"不独亲其亲，不独子其子"则是尽性。张载说："各亲其亲，各子其子，亦不害于不独亲、不独子，止是各亲各子者恩差狭，至于顺达之后，则不独亲其亲，不独子其子。既曰不独亲亲子子，则固先亲其亲、子其子矣。"在这段阐述中，可以看到亲亲子子与不独亲、不独子的关系，首先两者不是对立关系，二者的差别是恩差狭达的差别，这是以儒家的仁爱观来勾连大同与小康的人伦德行差别。其次，二者有次序先后，是内容上的包孕关系。想做到民胞物与，天下一家，其前提是要先做到亲亲子子，在此基础上，推恩扩爱，达到"不独亲其亲，不独子其子"的目标。如果没有亲亲子子的前提，那么儒家的"等差"之爱与墨家的"兼爱"就毫无差别，没有礼义节制的仁爱最终也会沦为情感的泛滥无依，进退失据，儒家"万物一体"的理想就会成为空谈。张载在这里坚持的依然是在礼义的基础上来实现大同的目标。这一思想后来被王夫之所继承，两人也成为古代大同论中调和大同与小康关系的代表人物。

　　王夫之（1619—1692）是明末清初有名的思想家、哲学家，湖南衡阳人，字而农，号姜斋，因为晚年隐居于衡阳金兰乡石船山下，故著书立说署名船山老人、船山遗老、船山老农等，学界也因此称呼他为船山先生。王夫之出身于诗礼之家，他的父亲王朝聘年轻时研究《诗经》，后来又研究《春秋》，对经学有深刻的认识。他的哥哥王介之也很有学问，在明朝灭亡前的崇祯壬午年中过举人。王夫之从小在父亲、兄长的教导下读书识字，在很早的时候就奠定了良好的经史学问修养。王夫之的青年时代，大明王朝犹如巨浪中的小船，岌岌可危，随时有倾覆的危险。在关内，李自成、张献忠的农民起义军声势浩大，攻城略地，是大明王朝的心腹之患；在关外，努尔哈赤、皇太极励精图治，经过两代人的发展，新生的清政权愈加稳固。明崇祯十七年（1644），李自成攻破北京，崇祯自缢于煤山，接着吴三桂引清军入关，击溃李自成，享国二百七十多年的明王朝灭亡。这时的王夫之不过是

二十多岁的小伙子，艰难纷乱的世道给王夫之的生活带来了难以估量的影响，他的原配夫人陶氏因为父母兄弟在战乱中亡故极为悲痛，不久就死了。后来，在清军南下扫荡残明军队的过程中，他的父亲、叔叔、叔母、二哥相继去世。面对国仇家恨，王夫之没有消极沉沦，他举兵抗清，并效力于当时的南明永历政权，但永历政权内斗不断，艰难的时局之下仍然相

明末儒学大师——王船山

互倾轧，争权夺利，让王夫之十分失望。最终，在经历六七年的流亡飘零岁月后，王夫之和他的第二任妻子郑氏回到了衡阳故地，开始了隐居著述的生活。

明朝败亡的惨痛教训，引发了包括王夫之在内的很多士人对当时流行的心学思潮的反思。明代后期，心学大盛，在解放思想桎梏的同时，也有学风空疏的流弊，学子们都纷纷研心论性，以圣人自居，甚而狂放不受礼法约束，但他们在面对实际的严重的社会问题时，却往往提不出像样的建议。这种教训使得明末清初的学风趋于务实，带动了经学和史学的繁荣。这种学风对王夫之的影响则体现为他对礼学和史学的重视。王夫之的礼学思想，集中体现在他的《礼记章句》一书中。他认为，人所以与禽兽相区分在于仁，中国所以与夷狄相区分也在于仁，君子小人之分同样在于仁。虽然夷狄、禽兽、小人偶尔也会有一些良知善念出现，但因为没有礼，善念虽有却不能体现出来。所以无礼，则仁无所藏、无所附着，仁就不能在天下流行，在仁体礼用的意义上，王夫之极为赞叹孔子"复礼为仁"这句话，也体现了王夫之对于礼学研究的重视。

这种重视，也体现在他对《礼运》篇的诠释上，通过《礼运》篇，王夫之表达了他以礼来通贯"大同""小康"的思想。他对宋以来有些学者认为大同是老庄之语的说法不以为然，认为这些人只是看到了表面上的语言相似，却没看到深层次的义理差异。王夫之认为，虽然礼制、礼名是在小康社会中才兴起的，但礼义并非只有在小康社会才存在，在大同社会，礼义能得到更好的实践。[1]礼是联通大同与小康的枢纽，大同与小康都是倡导礼治社会。他对大同的解释就是"上下同于礼意也"。意思是说，大同社会虽无现实存有的礼义制度，但上至君王，下至百姓，都能讲信修睦，诚实无诈，民风淳厚。从小康到大同的发展，是人们从被动地行礼践礼到主动自觉地行礼践礼的过程。主动自觉地行礼践礼，意味着人们通过小康时代由外在礼制熏染逐步上升到对礼制所代表的礼义的道德自觉，一旦这种道德自觉的范围扩大到人类的全部，礼制虽然仍旧存在，但正如孔子七十岁时"随心所欲不逾矩"，人们的一言一行皆能合于规范，礼制的存在就若有若无，如同虚设，而礼义却沛然而发，那么整个社会的发展就到了可以脱离外在刑政礼法来维持社会运行的程度，这是整个社会发展的一个飞跃和质变。

在这样的社会中，人们的精神高度已经脱离了对于家庭的狭隘之爱，而且由这一仁爱之意出发上升到了对于整个人类的一种泛爱，在这样的精神指导下，"天下为家"的社会建制自然就由"天下为公"所代替。可以这样说，小康社会以礼治为主，辅以刑政，在大同社会，成形建制虽然依旧存在，却不再是限制束缚人们行动意念的他律性规则，人们在这里实现了最大程度的个人自由和个人意志的表达，这就是大同社会的"礼意流行"。

---

1 礼理、礼事、礼名是南朝经学家皇侃注礼的用语。礼理盖指礼的运行规律和礼的精神，礼事指具体的礼仪，礼名即礼的名称。

　　在这里，王夫之不赞成"大道之行"的尧舜与"三代之英"的禹、汤、文、武有治理上的优劣之分，他认为大道之时，民风淳朴，自然在上者可以无为而治，收到良好的效果，但三代以后，民风浇薄，再继续以前的治理方式只会造成社会的混乱，所以圣人才制作典礼，让社会通过行礼制而返于道。治理方法的不同，源于历史情势的变化，这种情势就是"天下为家，各亲其亲，各子其子"，人类的血缘意识、宗族意识深入人心，顺应这种历史变化而有新的创设就成了必然。

　　上面提到，圣人制礼并非凭空而作，而是缘仁以制礼。船山说："天道人情，凝于仁，著于礼。"[1]就是说仁是天道人情所凝聚，本仁以行礼正是天道人情在世间的大流行。仁正是礼治得以运转的根基，在仁的精神灌注下，礼为人们所行才不是徒具礼的形式。王夫之对仁极为重视，认为仁与礼一体两面，互为体用，乃文明与野蛮区分的标志。他具体解释仁为天道人情所凝聚的意思，他说仁是"大一之蕴，天地阴阳之合，人情大顺之则"。所谓"大一"，即船山哲学中的本体，它包含至理，又富有万殊同时也纯乎其纯。而下面讲天地、讲人情，将万物尽数括尽，体现了仁的丰富性，因此仁而制礼，则礼自然也不仅仅是面向社会的，还是面向天地的、面向万物的，它体现了先民对于宇宙的认识、对于自然的认识、对于人本身的认识。王夫之希望通过礼的施行，能够"合小康之世而为大同"。

---

1 《船山全书》编辑委员会编：《船山全书·礼记章句》，长沙：岳麓书社，2011年，第577页。

王夫之始终坚持儒家维护礼制的基本立场，这就使他与主张毁弃礼法的道家区别开来，同时也与出于维护礼教的目的从而怀疑大同思想真伪的儒家分割开来，在这一点上，他继承了前辈儒家张载，将礼视作由小康迈向大同阶段的充分手段，这种重礼的倾向也反映明末天崩地解的形势下，儒家学者对于明中期以来心学流行造成的空疏学风的一种反思。这就使船山的大同思想呈现出一种现实主义与理想主义的二元色彩。就现实主义层面来说，时移世易，尧舜时代已经离去，大道既隐，面对这样的历史现实，空自悲叹历史的流变不是自强不息的儒家所当为，而应面对现实，寻求拯救乱世的方法，船山认为大同的复归，只有通过礼的方式才能达到，这使得大同的理想对于苦难方殷的人类并不是一个不能企及的乌托邦。就理想主义层面来看，他始终坚持对于大同理想的持守，对于人类的良好道德和社会秩序的追求，他在混乱污浊的时代保持了一个儒者对于清明世界的顽强坚守，即使这个世界在他生活的时代也只能在他心中生长发芽。

二、大公之心：程颐的大同思想

程颐，字正叔，河南洛阳（今河南省洛阳市）人，北宋理学家，后世学者称伊川先生。程颐之兄是程颢，两兄弟合称为"二程"，其学术体系则被称为"洛学"。二程是所谓"理学"（亦称道学）的奠基人，他们的学说为儒家的心性之学提供了终极依据与论证，深刻影响了之后儒学的思想发展道路，南宋的朱子学、陆象山心学、永嘉经制学派等都可以算是程门流裔，在不同方面继承了二程思想。

现存二程的著作主要是语录、诗文，不过程颐完整流传下来一部著作《周易程氏传》，程颐的大同思想主要体现于这部书中，特别是他对"同人""睽"二卦的解读。

程颐解读"同人"卦说："夫同人者，以天下大同之道，则圣贤大公之心也。"[1]圣贤怀着大公之心，行大同之道，这就是"同人"之道，同人即是与人同。圣贤同人与常人的同人不同，凡常之人想与人同只是"昵比之情"，是带有私心私利的。以私同人，必然只是在一定范围内与一部分的人相同，而不是在天下范围内与全部人类相同。那么怎么才能行大同之道，与天下人皆同呢？程颐在大同思想理论体系中的贡献就是拈出大同的本体依据。他清楚地认知到天下人人都有自己的情志、思想，想要人人皆同是极难的。这样就需要溯源人之大同的根源何在。他说："天下之志万殊，理则一也。君子明理，故能通天下之志。圣人视亿兆之心犹一心者，通于理而已。"[2]程颐面对分别差异的"天下之志"，人人不同，想要通贯所谓"天下之志"，必须找到各异之志背后的相同之处。这个同，程颐认为是"理"，"理则一也"，这正符合程颐所秉持的理本说与理一分殊说。关于程颐"理一分殊"研究，以

1　程颐：《周易程氏传》，见《二程集》下，北京：中华书局，2004年，第763页。

2　程颐：《周易程氏传》，第764页。

往多注意到他在《答杨时论西铭书》中提出的"理一而分殊",而此处他提出的"志殊理一"观念则是理一分殊的另一种说法。只有明了理一之义,才可以将亿兆之心统于一心。程颐明确大同之本在于理一,肯定理作为形上本体的地位。

在解读"睽"卦时,程颐认为理是同天下、合万类之本。他认为天地男女,品类万殊,睽违异质,各不相同,但是物虽异而理本同。"圣人明物理之本同,所以能同天下而和合万类也。"[1]万物都是生生之理的体现,万物同得天地之和,秉阴阳之气。

程颐《易传》影响巨大,后世多因袭程传之说。如上文所言朱震也说:"惟烛理明,则能明乎同人之义。"[2]明清之际的大儒王船山也赞同此说,他认为:"人之志欲不齐,而皆欲同之,则为众皆悦之乡原矣。唯不同乎其情之所应,而同乎纯刚无私之龙德,以理与物相顺,得人心之同然而合乎天理,斯为大同之德,而非苟同也。"[3]船山明确批驳了毫无原则地与人相同的做法,认为这是"众皆悦之乡原",是同于人之情,而真正的同人,应该是"得人心之同然而合乎天理",所以能够同人,真正的原因在于合乎天理,天理在这里才是具有最大统摄性的概念。

程颐提出了两种不同的"同人"之道,一种是圣贤之同,一种是常人之同。圣贤以大公之心同于人,常人以私意同于人。虽

1　程颐:《周易程氏传》,第889页。

2　朱震:《汉上易传》,九州出版社,2012年,第48页。

3　王夫之:《周易内传》,见《船山全书》第1册,岳麓书社,2011年,第156页。

然都是同，但只有公心能够超越空间与时间的限制，能够与四海之内最大范围的民众保持大同，也能够使千年前后的古人、未来人的公心相合，这表示公心不会因为时间或者地理环境的改变而改变，具有最大的普遍性。而常人之同只是出于一己私意，没有恒定性，只看个人好恶，在同的范围上具有极大限制，只是与自己的同党或亲近之人能够相同。

程颐以公私之说总摄关于"同"的修养工夫。围绕着公私之说阐发他的"大同"思想，这种思想具有一贯性，也延伸到他对睽卦"君子以同而异"的理解上。关于"以同而异"的理解，历代均有不同阐释，众说纷纭，程颐的解读延续了他对"同"的理解，即他将同分解为公心基础上的大同之道与私意之同，他说："夫圣贤之处世，在人理之常，莫不大同，与世俗所同者则有时而独异。盖于秉彝则同矣，与世俗之失则异也。"[1]这里出现了"人理之常""秉彝"与世俗之同的区分。"秉彝"是人理有常道、可大同的原因，"彝"即是人之常性，人性皆善，这是人理的大同，但在世俗生活中，因为人情外物的影响，往往会有行为的差失。世俗之同就是私意之同，而秉彝之同也就是公心之同。君子正是在坚持公心之同的时候与私意之同产生了差异，"以同而异"就是鼓励君子坚持公心之同，同样也是坚持与私意之同的差异，在这种差异中，君子人格独立的坚守得以凸显。

程颐在释读同人之道时强调，人不能同的原因主要在于"私

1　《二程集》下，第890页。

情""私意","小人则唯用其私意……故其所同者则为阿党"。 同时，程颐还在"知"的层面上讲"文明"，他说："文明则能烛理，故能明大同之义；刚健则能克己，故能尽大同之道，然后能中正合乎乾行也。""文明"之用在于明义理，而"刚健"之用在于尽大道，前者从知处说，后者从行处讲。故而"文明"之义，在历代解释中实有三义：一是行为方式的和平文明，反对武力；二是道德意义上的公心；三是知识意义上的明察事理。

刚健也是行同人之道的重要工夫。程颐把刚健视为克己工夫，与"明"所对治的工夫意义上的私和知识意义上的淆类似，刚健克己对治的是自己的"欲"，欲同样是行同人之道的阻碍，有欲即有私，有私则不能大公，不能虚己而与人同。健德在整个同的工夫中起着引领先导作用，并贯穿于同人工夫的始终全过程，它更加强调在艰难的同人工夫中刚健的意志所具有的重要性。

可以看出，从宋代开始，特别是自理学开创以来，宋明学者对于大同的诠释有了很大转向。在汉唐时期，学者多从政治社会层面解读理解大同；而以程颐为代表的学者，致力于建构大同之道的宇宙本体论基础，且将达致大同的方法集中于德行的培养，将汉唐学者的政治制度面向的建构转变为道德践行的方式。其后的学者在这方面受到程颐的深刻影响。即使是明代的心学家王阳明，也不例外。

三、万物一体：王阳明的大同思想

王阳明，名守仁，字伯安，自号阳明子、阳明山人，世称阳明先生，浙江余姚人。阳明是明代历史上一位极为重要的人物，他不仅仅是一位杰出的儒家学者、思想家，同时也是一位杰出的政治家、军事家，一生文治武功，均极为出色。以文论，其心学思想上承孟子、中继陆象山，为儒学的发展做出了杰出的贡献，也进一步影响了整个东亚思想世界。他建构的学术思想体系被称为阳明学，或阳明心学，或王学。以武论，阳明从青年时期就热心骑射，留意兵法。正德后期，阳明以左金都御史、右副都御史巡抚南赣汀漳，平定闽、赣、粤交界的农民起义。正德十四年，江西的宁王朱宸濠叛乱，当时王阳明正在江西，在敌我兵力悬殊的情况下，他运用机智的谋略，仅用兵三十五天，就生擒朱宸濠，平定了这场叛乱。阳明的事功业绩，在宋明理学家中，是极为突出的。

阳明的大同思想与其心学思想是紧密相关、共成一体的。阳明的思想是以心或良知为中心展开的，其大同思想也不例外。在《答聂文蔚》的书信中，阳明曾提出自己的希望，期待能够和"豪杰同志之士扶持匡翼"，"共明良知之学于天下，使天下之人皆知自致其良知，以相安相养，去其自私自利之蔽，一洗谗妒胜忿之习，以济于大同"。在阳明看来，想要天下大同，需要"明良知之学"，需要"致良知"，消除每个人的自私自利之蔽，这样大同自然可致。因此，阳明的大同思想实际上仍可说是致良知之学。

"良知"是阳明大同思想的义理根基，也是其本体依据。想要天下大同，首先要回答天下之人具有"同"即相互沟通乃至同一的可能性，阳明认为良知就是天下人之所同。"良知"这个词出于《孟子·尽心上》："人之所不学而能者，其良能也。所不虑而知者，其良知也。孩提之童，无不知爱其亲者；及其长也，无不知敬其兄也。"依照孟子所说，良知是指人的不依赖于环境、教育而自然具有的道德意识和道德情感，具有先验性、直觉性。王阳明继承了孟子的思想，他说："心自然会知，见父自然知孝，见兄自然知弟，见孺子入井自然知恻隐，此便是良知，不假外求。"（《传习录》）其中"不假外求"就点明良知的内在特征。

王阳明还特别强调良知作为"是非之心"的意义。"是非之心，不虑而知，不学而能，所谓良知也。良知之在人心，无间于圣愚，天下古今之所同也。"（《传习录》）这句话中的良知就是是非之心，而且良知和圣愚无关，不论何种时代，不论身处何地，良知都是人所共同的，所以良知是普遍的。因为良知的普遍性，因良知而能体会天下之人的喜怒哀乐，能够与人公是非、同好恶，视人犹己。

大同还可以用阳明的另一哲学词语来表达，就是"万物一体"。阳明晚年经常表达万物一体之旨。"天地万物，本吾一体者也。"（《传习录·答聂文蔚》）"夫圣人之心，以天地万物为一体，其视天下之人，无外内远近，凡有血气，皆其昆弟赤子之亲。"
（《传习录·答顾东桥书》）之所以万物一体、万物同体，还是因
为心体就是万物的本体。阳明认为人的良知就是草木瓦石的良知，
如果草木瓦石没有人的良知，就不可称为草木瓦石。而且不仅仅
是草木瓦石这样的一般之物，即使像天地这样的物之大者，若无
人的良知，也不可称为天地。阳明之所以这么说，是因为心体内
在于天地万物，"心外无物"，物以心为体，心不离于物，二者完
全融为一体。良知作为内在于万物的普遍本体，并不是静态的，
而是活泼泼的，天地之间无非此理，都是我的良知的流行不息。

　　万物一体寄寓着阳明深切的社会关怀，阳明晚年曾口授《大
学问》，对儒家的经典《大学》做了一番解读，他说："明明德
者，立其天地万物一体之体也。亲民者，达其天地万物一体之用
也。"明明德即是致良知，而天地万物一体之用则是亲民，明白万
物一体，就需要做一番亲民工夫。陈来说："阳明先生讲的万物同
体的思想，最突出的，不是程明道讲的那个特别高远的宇宙意识
体验境界；他直接关注的是指向博施济众、仁民爱物、'亲民'的
这个社会实践。"[1]也就是说，在以前，万物一体多指向学者的个人
境界，而阳明则拓展了万物一体的社会面向。阳明每言万物一体，
都希望学者能够体会斯民之难，"每念斯民之陷溺，则为之戚然痛
心，忘其身之不肖，而思以此救之，亦不自知其量者"。

　　阳明认为社会之所以不安宁，根本在于人人有私念，且被物

1　陈来：《"万物同体"：王阳明思想的晚年发展》，《光明日报》2021 年 02 月 06 日 10 版。

欲所蔽，以至于相互欺凌，相互欺骗，相互陷害。阳明因此提出了自己的解决方法，他称之为"拔本塞源"，就是成德之心学的普及化。他认为学校要以成德之学为主，此学教育的具体内容是"父子有亲，君臣有义，夫妇有别，长幼有序，朋友有信"。致良知就是将此良知扩充，并将此良知运用到伦理实践中。

阳明非常注重区分德与才，德就是孝亲、弟长、信其朋友，就是天下同然的心体良知，而才不是天下所同，而是各有所长，如后稷擅长稼穑，契擅长教育，夔擅长音乐，上述诸人还都是圣贤。普通人也都是各有所长，各有不同，农者长于田耕，工者擅长制器，商人通于有无。所以阳明强调学校的作用是助人成德，使得具有不同才能的人能够同心同德，共同致力于天下的安定。阳明说："才质之下者，则安其农、工、商贾之分，各勤其业以相生相养，而无有乎希高慕外之心。其才能之异若皋、夔、稷、契者，则出而各效其能。"(《传习录·答聂文蔚》)才能低者安其四业，才能高者为官，各负责一项专门事业。王阳明心目中的天下大同就是人民各安其业，官员各掌其事，都能发挥自己不同的专长。但各种不同之中，又有大同存在，这就是心体良知的大同。天下大同"惟在复心体之同然，而知识技能非所与论也"。

阳明求大同最终归结于致良知。良知赋予了大同的可能性，而致良知就是求大同的方式。致良知须用格物致知之功，将良知所知之善推至于事事物物。阳明的良知包含道德理性和知识理想两方面，前者带动而后者同步趋进，就像阳明理想社会中的一个普通人，或农或工，有其专长，但都在其道德理性的范导之下。在具体的伦理实践中，良知反应外物的能力不断扩充，良知的知识积累不断从单薄走向深厚，真知真行、知行合一，天下同臻于大同，万物一体的仁道得以贯通天地。

宋明理学对大同的诠释也延续到了清代。明末清初的学者潘平格在谈及大同时，也如同程颐、王阳明一般，强调克去己私，而与人同。潘平格，字用微，浙江慈溪人，其为学先治程朱，后学王、罗（洪先），入清以后，痛切反思，笃志孔孟。在他的重要著作《求仁录辑要》中，有学生说自己没有"明明德于天下之欲"，所以工夫不切实。潘平格则说"工夫全在格通人我"，人之性本来是"浑然天地万物一体之性"，是一个大同世界，是人自己有私，不能格通人我，只把自己困在七尺之躯，为私欲驱使，所以不能复万物一体之性，不能复大同世界。而真正的切实工夫就在消除人我之间的种种障碍，真正通人我。在此处，潘平格也是将大同世界的建设方法归结为人性的恢复，从心性根本处解决人我相通的障碍。

四、辨伪与信古：关于《礼运》的争论

到了宋代，怀疑古书真实性的风气兴起，学者们的主体意识日渐增长。笃守古义、不务新奇的风气逐渐变化，皮锡瑞《经学历史》中就称宋代是"经学变古"时代，像欧阳修怀疑《易

经·系辞》非孔子所作，李觏、司马光怀疑《孟子》，王安石讥毁
《春秋》等等。当时疑经辨古的风气之盛，也颇为人所讥。司马
光就说，新进后生，凭借自己听来的消息就任意论断经典。学习
《易经》还没认识卦爻，就说十翼不是孔子的话；读《礼经》还不
知道有几篇，就说《周官》是战国阴谋之书；读《诗经》还不知
道《周南》《召南》就批评毛公、郑玄之学是繁琐的章句之学；读
《春秋》还不知道《春秋》所记为哪十二个君主的历史，就要把
《春秋》三传束之高阁。司马光的批评也反映当时浮躁的学风。同
时，不仅儒佛之分在一些儒家学者的细微分析下日渐明晰，儒道
之间也分辨愈严。许多学者开始质疑《礼运》大同思想，乃至认
为大同、小康说不是孔子的观点，而是杂糅了道家思想或者墨家
思想。

　　成书于元代的《陈氏礼记集说》中记载石梁王时潜语：“以五
帝之世为大同，以禹、汤、文、武、成王、周公为小康，有老氏
意，而注又引以实之，且谓礼为忠信之薄，皆非儒者语，所谓孔
子曰，记者为之辞也。”在这段话里，王时潜认为大同小康的分别
是道家老子之义，而且郑玄还用《老子》里的话注解这段文字[1]，
更坐实了王氏的猜测，所以他说以礼为忠信之薄，不是儒者能说
出的话，《大同》篇里“孔子曰”的文字也并非真是孔子所说，而
是记录这段文字的人故意为之。王时潜的话表达了当时儒者对
《礼运》这篇文字的普遍怀疑，甚而不惜直接否定这段文字的真实

1　郑玄注《礼运》“谋用是作，而兵由此起”时，引老子语：“法令滋彰，盗贼多有。”

性，试图切断大同小康的思想与孔子之间的联系。后来也陆续有儒者承续王氏的怀疑思路。

南宋的大儒吕祖谦认为《礼运》的"大同"部分不是孔子的话，是别人依托孔子所说，他认为把禹、汤、文、武说成是"小康"时代的圣王的见解乃是老子或者墨子的主张。即使是大儒朱熹也认为《礼运·大同》所讲不像是孔子的话。同时代的学者黄震在《黄氏日抄》中说："篇首意匠微似老子。"就是说《大同》篇所讲的意思和老子很相似。当然黄震只是否定了《礼运》篇首之语，也即"大同小康"之说，对于《礼运》其他记载，黄震则认为"通篇混混为一，极多精语"，给《礼运》篇以极大肯定。

元代陈澔也说，大同小康的划分有鄙薄礼义的意思，说礼是道德风俗衰败之后所起的，这种观点很可能是受了老庄影响。在清朝，否定《礼运·大同》为儒家义理的说法就更多了，清代学者姚际恒明确地说《礼运》一篇就是周秦间子书，是老庄之徒所写的，甚而攻击此篇是"惑世乱道之书"，用语不可谓不重，言辞不可谓不烈。朱轼说，大同之说，创自老庄，是汉儒将此移入《礼运》的。陆奎勋说，以前的学者认为《礼运》为子游之徒记录的孔子之语，而首章以五帝为大同，三王为小康，大概是汉初因为崇尚黄老之学，戴氏由此附会圣人之言，不可信从。清人汪绂《礼记章句》也怀疑《礼运·大同》篇的真实性，认为是汉儒"妄以己意演绎"，从而让读者以为这是孔子之言，圣人真正的意涵因此混淆，让读者不能分辨。知名经学家邵懿辰认为先儒赞赏《礼

运》一篇精彩的语言很多，但其首章大同小康之论与老子之论十
分相似，邵懿辰由此以为《礼运》一篇必有错简，皮锡瑞亦认同
邵氏此论。

当然，也有学者仍然坚持大同小康的区分，并试图给予合理
的解释。一种解释是认为五帝三王治理的变化是因为历史形势发
生了变化，民众思想发生了转变，所以治理措施不得不有所变化，
虽然治理效果上存在差异，但并不是三王在德行上与五帝有所不
足造成的。北宋陆佃是王安石的弟子，也是北宋后期的重臣之一，
同时他也是著名诗人陆游的祖父。他认为"大同小康，时而已
矣"，之所以有大同小康的区分，只是因为历史发生了变化。"大
道之行，天下为公"下面直接以"选贤与能，讲信修睦"接续，
正是儒者与黄老之徒不同的地方，黄老之徒不讲贤能、信睦之类
的话，而视之为糟粕。而且贤能之选、信睦之讲在三王时代也依
然奉行，五帝与三王的不同在于天子继承制度上的差异。五帝承
位以贤，三王承位以子。当然五帝之时也并非没有父子相继、兄
弟相及的事情，只是不像三王时代那样形成固定制度罢了。

长乐刘彝认为五帝之时与三王之时的主要区别在于民众道德
境界的不同，五帝之时民风淳朴，人人都能保全性情，不发于外。
夏商以后，民众开始彼己分别，有了私产亲亲的意识，进而发生
了各种争斗，圣王因此制礼防之，虽然不能回到大道，也能有小
康的治效。

蒋君实说"王者之时不同"，每一个圣王所遇到的时势不同，

大禹岂不知尧舜让贤之事的好处，只是圣人以道御时，随势而动，天下既以亲亲子子为念，王者也不能使之改变而返于上古不独亲亲子子的情势，只能设礼来规范人们的自私行为。所以小康之名不是说王者之治的，而是对时代的一种描述。圣人在大同的时代，所以能无为而治，天下自安；圣人处在小康的时代，就应以小康时代的治法对应。所以帝王"有异时无异道"，尧舜与禹、汤、文、武之道是不存在差别的。

明朝人黄乾行也说："道有升降，政由俗革，虽圣人不能不与时推移。若欲回情文兼备之风，反太古无为之治，亦非人情。"这也是在提醒，社会治法要依据现实而定，现实的情势有了变化，就不能再用以前的方法治理，即使以前的社会状况多么美好。圣人治世，与时推移，就是注意到了这种情况，认识到时移世易，人情变化，再想回到上古，已经不符合现实的人情需求了，只能尚德崇礼，任俗而治。

还有一种解释试图强调礼的作用，以礼来绾合大同与小康。此以张载和王夫之为代表，上文已述，此处不再赘言。但举明朝人姚舜牧为例，姚氏认为《礼运》一篇大旨要在谨礼，则能挽小康为大同。他说，承接天道以治人情是君王的治理要道，治必有本，此本就是帝王之身一定要处于无过之地，这就需要君王谨礼慎行，加强自身的精神修养，这样才能以身作则，为天下万民做出表率，才能教民众修礼义、守正道。姚氏此说，弥合了儒家礼制与大同之间的矛盾。后世刘咸炘也持此说，他说："大同止是治效，谨礼乃是治术。若谨礼为卑，则大同乃成空幻矣。"他认为若不以礼为治术，那么大同也只是存在于文本之中的幻象，不是真实存在。如果以礼为治，即使不能尽礼，充分发挥礼的本意，也能收到小康的效果，所以在大同小康章节结束以后，子游才追问孔子礼的发生、作用，显示出谨礼的急迫感和重要性。

清人孙希旦也有弥缝之意，在他所著的《礼记集解》中，他说："礼之从来远矣，与天地并，五帝之时未尝不以礼义治天下，但其节文度数之详，至三代而后备耳。"五帝三代之时同有礼义，只是三代较详备而已。三代以后，大道已微，在上者以家传天下，在下者私其骨肉，爱惜己力，所谓有无贫富的现象也由此出现，并出现了武力争斗，这与上古恬静安然的情况有很大不同，因此圣人治法不能延续以前的端静无为，只能以礼义为本，详立制度刑法，防民为过。小康虽稍逊大同，但三代时风气浇薄，圣人以礼义扶衰救危，最后与大同境界气象广狭不同，并不是圣王之德的差别，而是时代不同造成的。

除了上述几种观点，在明清之时，也有学者开始正视《孔子家语·礼运》版本，提出应以《孔子家语》中的《礼运·大同》作为真本。

清代的《钦定礼记义疏》卷三十中指出："通篇极言礼之意，独篇首小康之说，乃老氏礼起于忠信之衰、道德之薄之意，与通篇殊不相应，考之《家语》，皆无之。"作者认为《礼运》首章文本当以《孔子家语》为准，而小康之说，大概是编订《礼记》的西汉戴圣窃老庄之说所窜入。任启运《礼记章句》卷九中也说："通篇文势，前后呼吸，'是谓大顺'才与'是谓大同'相应，《家语》原文可据也。记者不解，忽窜入'是谓小康'一句，致前后全不相应，故愚谓删此四字即得。"清人姜兆锡《礼记章义》说："《家语》无'礼义以为纪'至'兵由此起'十句。今味文义，'礼义以为纪'以下七句当在'谨于礼者也'之下。记者盖缘上文'以为'二字文势相类而错简也。此殆非小误，宜正之。"又说："愚按篇首本有语病，又缘'礼义以为纪'七句上下错简，末后增小康一句，其病滋多，宜王氏、陈氏辨之严也。学者以《家语》参定其文而慎论之可也。"这里他提出删去小康二字，参用《孔子家语》文本的意见。综合这些意见，都认为《孔子家语》中不言小康的说法更符合儒家对于大同和礼的赞赏态度，因此主张参考《孔子家语》说法。

　　总之，在宋元明清时期，不少儒者都对《礼运·大同》的儒家学说性质持怀疑批判的态度，但是也有些儒者对此篇持肯定的态度，像北宋的张载，他认可《大同》篇是孔子所说，其所提出的"民胞物与"的思想也与大同理想一致。在古代，关于大同、小康是否为孔子思想存在不少争议，但对大同思想本身并无太多直接发挥，所以直接以大同思想阐述自己思想的仍然不多。在古代的经学体系中——无论是汉学谱系的今文经学、古文经学还是宋学谱系的理学、心学——大同思想始终处于一个边缘位置，没有引起学者的重视和阐扬。大同思想的流行以及在经学系统特别是今文经学系统中由边缘向几近核心位置的变化，要等到晚清今文学崛起的时代。周予同曾说："及今文学崛兴，《礼记》各篇中的微言大义始为学者所重，康有为撰《礼运注》，皮锡瑞撰《王制笺》，对于孔子托古改制的深意及儒家大同的理想，为大胆的宣扬。"[1]

即使在近现代，承续宋、清时学者对《礼运》一篇的怀疑风气，学者们也多认为大同思想受到了道家或墨家思想的影响。比如吴虞写过一篇《儒家大同之义本于老子考》，认为大同思想出于道家。也有学者认为大同思想是受到墨家的影响，如蔡尚思在《中国传统思想总批判》中指出，"天下为公，选贤与能"是墨子的尚贤、尚同，"不独亲其亲，不独子其子"是墨子的"兼相爱，交相利"，"老有所终，壮有所用，幼有所长，矜寡孤独废疾者皆有所养"是墨子的"老而无子者有所得而终其寿，孤独无兄弟者有所杂于生人之间，少失其父母者有所放依而长"。蔡尚思先生举出数条例子就是来证明大同思想受墨家影响。墨学专家伍非百、史学家蒙文通等也有类似看法。可以说，这种讨论延续并深化了宋代以来学者对于大同思想的儒家属性的争论，是对古代学术成绩的一个继承和发展。

《礼记·礼运》中没有明确指出大同时代是不是五帝时代，但是文中说小康时代的圣王代表是禹、汤、文、武、成王、周公，可以推见大同之时就是禹前的五帝时代，这是汉宋诸儒的共识。也可以说，不管大同小康是孔子对于未来的期许，还是对上古历史的客

1 周予同：《周予同经学史论著选集》，上海：上海人民出版社，1983年，第252页。

观追溯，大同时代的政治和社会情况都是五帝实行帝道的效果，大同与小康的区分正是帝道与王道的区分。《史记·商君列传》中说，商鞅初见孝公，以帝道游说孝公，希望孝公能够重用他，采纳他的建议，但孝公不听。于是商鞅再一次求见孝公，用王道游说他，结果孝公很嘉许他，但并不采纳其建议。直到商鞅谈到霸道，孝公才大喜，认为霸道才是富国强兵的有效途径，于是重用商鞅，让商鞅变法强国。同样，《孟子》中记载孟子屡次以仁政王道在人君前谈论，而统治者都反应冷淡。可见在这里，帝道、王道、霸道是有明确区分的。从汉至清，凡是儒家，无不兢兢以王道倡，谈到帝道的确实比较少，若以大同为帝道的特征，那么实际上在中国历史上，王道理想一直是儒家学者的追求目标，而并不是大同，尽管大同的理想比王道理想可能更加高远。朱熹认为《礼运》之说有理，三王自是不及上古，这就是肯定了大同理想在境界上有比王道理想更进步的地方，只是理想的实现需循序渐进，在王道理想实现前，自然不能贸然地进行大同社会建构的实验。在这种情况下，大同作为儒家之义一直在儒家的经典义理系统中处于隐而不彰的状态。所以说《礼运》中的大同之义，在经学注疏和儒学的思想史中，均是在五帝三王的历史流变中进行描述说明的。于是，我们可以看到，中国历史文献中的社会理想的想象，除了架空性的没有历史背景的单纯描述，几乎都把其社会理想搁置于上古之世，当三代理想不足以餍足作者的内心，这些人会将美好的时代更往前推。《淮南子·览冥》中描述了黄帝之治和伏羲之治的情况，希望能够遵照伏羲氏的道路

治理社会，从而能返回五帝之时的社会情状。有的甚至将理想推原
到天地之初，比如两晋之际的鲍敬言说，远古之时，天地之初，没
有君臣之分，大家都是凿井喝水，种地吃饭，日出而作，日落而
息，无拘无束，悠然自得，甚至山中无路，河中无船，人与万物浑
然为一。若以中国传统史观来看，这种时代已经是三皇之时甚至是
更早了。

　　另外《礼运》一篇以"礼"命名，其主题自然是讨论礼的产
生与演变过程，在孔子对大同与小康的描述中，小康社会的典型
特征就是"礼"，圣王君子通过谨礼来达到社会治理的效果，而大
同与礼制的关系则耐人寻味。既然礼属于儒家思想的核心范畴，
孔子也以"克己复礼"为念，如果大同之世与礼相冲突，那么大
同与小康之间就是一种几近对立的关系，那孔子为何在《礼运》
中赞美大同又同时在其他的经典文本中说出"郁郁乎文哉，吾从
周"的话呢？历代对此篇的怀疑就是在此。大同与小康是不是对
立的关系，大同之世是不是不需要礼制的社会，古代学者对此问
题大体分为两派：怀疑派与会通派。在近代我们也会看到，这种
大同与小康之间差异的张力或隐或现地仍然存在于学者、政治家
对于儒学思想的重新建构中，进而影响着他们对于整个儒学的理
解，也为儒学在近代这种三千年未有的大变局中的现代转化埋下
了伏笔。

　　对怀疑派来说，儒家向来崇尚三代，主张礼治，而《礼运》
首篇对于三代及代表三代特征的礼制都认为不如大同时代。这被

认为是违反了儒家的原意，反而和道家崇上古、卑三代，认为礼是忠信之薄的观点十分相似。所以宋至清的学者不断有人认为大同小康的划分是受了老庄之徒的影响，这其实提示了我们大同思想的真伪关键就在礼制与大同的关系上面。针对这个问题，会通派认为礼制的出现与大同并不矛盾。

对会通派来说，他们力图以礼制来贯通小康与大同，认为小康与大同并不矛盾对立。持这种看法的以宋代张载和明清之际的王夫之为代表。他们都认为大同与小康并没有价值上的高低差异，而只是历史时势不同，大同之后，治极而乱，民风日渐浇漓，所以三王才拨乱谨礼。大同之世并不是没有礼，而恰恰是礼义沛然所达到的效果。大同之世，虽然已经没有行迹上的礼，但是礼意犹存，如果没有礼制的存在，不仅大同，连小康恐怕都难达到，谨礼可以达到大同，礼义行到尽头，即是大同，若得其浅，还能是小康之世。

两种论点之间的争论从未停止，一直到近现代，礼运大同思想大为流行，不少儒家学者著书立说阐发大同之义，甚至以大同小康的思想重新构建儒家的历史观和未来愿景。同时大同思想还跳出了儒家学者阐释的范围，被各种思想倾向的思想家、政治家所接受，产生了巨大的思想和政治影响。

五、至德之世、海人国与井田制：宋明时期的理想表达

宋元之际，又有思想家邓牧延续道家的政治理想传统。邓牧（1247—1306），字牧心，生于南宋理宗时期，死于元成宗时期，生逢宋亡的巨变，家国之痛可想而知。他在宋亡后出家做了道士，《伯牙琴》是他晚年自定的诗文集，反映了他的社会政治理想。邓牧也向往"至德之世"，这个"至德之世"是尧舜时代的社会。在那个时代，为君者，饮食衣服和人民一样，宫室也不富丽堂皇，君主和人民没有什么区别，没有这样那样的特权，他也没有私心，只是想做利于天下的事。这种在经济上没有私利、政治上大家平等的状态就是尧舜时期的社会情态。后来的君主则谋取私利，任法败德，给人民带来了深重的灾难，这就是桀纣之主。他觉得最理想的社会就是由圣主贤相组成政府来治理，如果没有圣贤之人，那么退而求其次，"废有司，去县令"，回到社会的自然状态，这也比让坏的政府压迫人民要强。邓牧的这种思想后来也影响了黄宗羲，黄宗羲的《明夷待访录》中就有《伯牙琴》思想的影子。

总的来说，这种思想往往出现在一个王朝快要衰亡，社会秩序逐渐崩溃，政权摇摇欲坠时。这种对理想社会的幻想反映了道家对于礼法秩序的消极看法，道家学者往往以道德上的无私无欲为号召，在治法上提倡无为而治，但他们又提不出具体的制度措

施来实现他们的社会理想——在一定意义上，他们本身就反对制度礼法的设计，从这点看，是有一些反智主义的倾向，这也使他们的社会理想难免有些虚幻，因而他们对于社会现实采取一种消极乃至否定的态度，不能采取一种刚健有为的方式去试图积极地改变社会，所以往往越是对道家理想态度执着，最后的结局越是遁入深山、消极避世，庄子、邓牧就是其代表。

北宋文学家王禹偁（954—1001）以文学的方式阐述了他的社会理想。王禹偁是北宋初期的著名诗人，他在大约三十八岁时写了《录海人书》一文。在这篇文章中，他像陶渊明一样塑造了一个理想的"海人国"。文章讲述了一个生活在海岛上，以打鱼贩盐为业的渔夫。他在某年秋天乘大海涨潮放舟下海，离岸越来越远。渔夫不幸在海上遇到大风，船随巨浪漂流，他自己也不知道船会漂到哪个地方。经过两天两夜，才风平浪静，天色放晴。这个渔夫四处张望，发现自己漂流到了一个不知名的小岛上。他听到岛上隐约有说笑声，于是向笑声传来的方向走去。到了那里就看见了墙垣、篱笆、屋舍，有百余户人家，也有少量耕地。有的人躺在地上晒太阳，有的人坐在水边洗脚，有些男人用网在打鱼，有些妇女在采集药草，他们看上去都很快乐。渔夫向他们打听情况，有人就对他说："我们这些人原本是中原人。天子派徐福到东海求仙，他用船载着我们来到此地，当年徐福带的那些童男童女，就是我们这些人。徐福知道神仙是求不来的，蓬莱仙境也是找不到的，于是最后到了这里定居。船里的粮食，是我们种的；水中的鱼虾，是我们捕的，我们每天也能吃饱肚子。我们采摘沙洲里的花卉来从中择取可做药用的花草，因此我们得以延续生命而没有死在这里。我们当中如果有人死了，就葬在这海水里，活着的人就在这小岛上生活，怀念皇帝的感情也断绝了！况且我们不会遇上被强征到五岭驻守的事情，也没有修筑长城、建造阿房宫的苦役辛劳，在中原，人们要缴纳大半赋税，还有一人犯罪、诛灭三族的苛刻刑罚，但那些对远在海上的我们又能怎么样呢？"岛民们拿出酒食来款待这个渔夫。第二天，渔夫登舟返回的时候，岛民们对他说："你能把我们这里的情形报告天子吗？假使天子能减轻百姓的赋税，停止各地的战争，撤销各种繁重的劳役，那么天下的百姓都能高高兴兴的，就像住在这个地方的我们一样，人们又何必求仙，何必祈祷长生呢？"

在这个记述中，海人国"有居人百余家，垣篱庐舍，具体而微，亦小有耕垦处。有曝背而偃者，有濯足而坐者，有男子网钓鱼鳖者，有妇人采撷药草者，熙熙然殆非人世之所能及也"。这个记述和陶渊明的"桃花源"一样，这里的人民生活平静祥和，没有高低贵贱的区分，没有徭役赋税，没有商业交换，只是依靠天地自然在生活。这大概是典型的文人理想中的生活状态，反映了文人向往自然的道家情结。

清代李汝珍的文学作品《镜花缘》描写了一个"君子国"，表达了作者的社会道德理想。李汝珍一生没有求得什么功名，只做过一段时间的县丞。他一向不求功名利禄，在他理想的"君子国"

中，人民的道德水平都非常高，从君主到底层民众都有高尚的道德情操，都好让不争，君主不贪财物，大臣谦恭忠诚，老百姓也是淳朴无争，没有尔虞我诈，大家都亲和善良，相处融洽，没有心机。这反映了作者的道德理想。

宋明时期，儒学复兴，有很多学者博通经史，利用儒家思想来表达他们的社会理想。

李觏（1009—1059）是北宋时期著名的思想家，生活在真宗到仁宗年间，与范仲淹交情深厚。他认为农民之所以辛苦耕作却仍然不免忍饥挨饿，其原因就在于土地权不在农民自己手中，他们只不过是在替土地所有者耕作。如果法制不立，土地不均，那社会上的贫富分化就不会减少，因此他主张均田制。在李觏的社会主张中，仍然有一些不切实际的想法，他认为应该将和尚、道士、冗官冗吏、巫医卜相、倡优戏子等不从事生产劳动的人改造成生产劳动者，这反映了他落后又激进的经济认识，没有意识到精神文化生活的重要性及多元性。

明代名臣海瑞（1514—1587）也是井田制的支持者，他说："不井田而能致天下之治者，无是理也。"（《海忠介公集》卷六》）海瑞认为，想要天下安宁，社会整体的经济资源分配是非常重要的，天下之所以动乱，往往是因为社会的财富分配不均，一部分人占有了大部分的社会财富，而另一部分人则生存都是问题。所以以海瑞等为代表的儒家官僚和学者历来都非常重视人民的经济层面的生活。人只有衣食有了保证，为善之心才会产生，为善之行才会成为可能。而井田制度在农业时代就是解决社会贫富差异的最根本措施。他还特别提倡公道大同的理念，如果大家能够"用力不必为己，用财不必藏于己"（《海忠介公备忘集》卷四），人人能相互协助，没有私产观念，那就是海瑞心中民德归厚、礼让成风的大同社会。

明末清初的著名思想家黄宗羲（1610—1695）认为要恢复古圣人的"井田、封建、学校"等制度，在经济上要计口授田，平均分配土地。在政治上，他关心百姓的生活，天下的治乱标准就在于百姓的忧乐。而君主也要维护天下公利，不能凭一己私欲来奴役天下人民，做臣子的也不能以君主的是非为是非，做官是为天下，不是为君主，君臣关系只是分工不同，不是绝对的上下关系。

明清时期，唐甄、颜元等也都表达了他们自己的社会理想。唐甄（1630—1704）向往平等的社会，特别注重人民的生活，他认为政府的工作就是以"养民"为中心，官吏的考评标准也是以民众的生活为评价标准，对人民的生活的重视是历来儒家的共同点。颜元（1635—1704）的政策中心也是田制，目的也是维护社会的经济公平和人民的基本生活。他的弟子李塨（1659—1733）、王源（1648—1740）也都继承了老师颜元的济世精神，致力于在学术上讨论政治经济制度的改革，表达他们的治世理想。王源著有《平书》，取平天下之意，他写完后请李塨校订，李塨认为王源的见解与自己大体上相合，只是在具体条目上有不同，于是对

《平书》中的内容按自己的意见做了补充，成书为《平书订》。此书可说是两人意见的结合，他们在儒学的学术目的上都认为儒学志在王道，王道的职责也无非就是养民、教民，先王制作礼乐，也是为了养民、教民。而养民和教民的制度建设就是田制和学校制度的建设。田制就是要行均田，李塨说均田是第一仁政。行均田能够有效地改善贫富不均的情况，为此，王源、李塨设计出各种方法来实现平均土地的目的。如把原来在官的卫田、学田加以清理，收归国家；收回战后的无主荒田；把荒废的官地再加以开垦；寺庙的田产，一律收归官有；对犯罪而田多的人，按罪行大小以田赎罪等，通过种种具体措施将田地收归国有，再将此田地进行分配，可以不必拘泥于"井田制"的方块形式，但师其意即可。由于社会经济知识的缺陷，他们的设计和规划有不完美甚至迂腐之处，比如颜元反对佛道，主张要强迫佛道还俗婚配，还有让僧尼之间以年龄为准相互婚配，不足的人以妓女补充，这种想法如果落实于现实中是十分可怕的。

通过政治经济制度的改革促进社会的发展进步，这是历史发展的必然要求。每当社会出现治理危机时，儒家人物都会承担起自己的历史责任，实现自己的政治理想。即使不得其位，有志的儒家知识分子也会穷研经史，从圣人的论说和历史的经验中寻求社会改良之道，这在中国的政治社会思想史中无疑是主流。他们的这种探索，不像道家毁弃礼法，主张抛弃一切成形的社会建制那样，显得极端而不切现实，也不像法家那样主张君主主导一切，这使他们的探索既有理想性，也有现实性。一般来说，他们改革社会的方案集中于田制、官制、商业政策等，这些又统括于他们关于礼制的论述中，这让他们的社会理想有了一定的可实现空间，也体现了儒学作为内圣外王之学的实践性格。儒者经世一方面要坚持儒家的基本价值诉求，维护儒家经典的神圣性，另一方面也要酌今鉴古，重视历史的演化和现实社会的研究，以求让理想能够照进现实。

宋明时期还有人基于自己的社会理想付诸实践，进行社会实验，以明代何心隐创立的"聚合堂"为典型。

何心隐（1517—1579）原名梁汝元，江西吉安人，明代著名思想家和社会改革家。他是王阳明心学流派之一泰州学派的弟子，早年曾放弃科举，致力于社会改革，试图设计理想的社会制度，并因此触怒了当时的当权者，被乱棒打死。他主张人们共享所有财产，做到经济上互通有无，还让鳏寡孤独之人能够得到救助。因此，他进行了"聚合堂"的社会实验。"聚合堂"是一个以宗族为单位的生活群体，这个群体中分工明确，有负责管理社会经济生活的"率养"，有负责管理教育的"率教"，"率养""率教"还设立了"辅养""辅教"来协助工作，另外还有"总管粮""分催粮"，从中我们看出这个组织的核心就是养与教，即经济与道德教育。聚合堂实行免费教育，全族子弟不分亲疏，统一享受平等教育，鼓励大家相亲相爱，树立集体观念，培养优秀的品行。

历史上的这种理想实践是十分难得的，实践是检验真理的唯一标准，只有在实践中，才能认清自己理想的现实性和可操作性。尽管像张鲁、何心隐等人的理想实践最后以失败而告终，但他们的探索为后人的社会实验提供了经验。

上述的各种人物多属于上层的知识分子。在讲述历史上曾经存在的社会理想时，不应该忘记农民起义中所表达的各种诉求。在农民起义过程中，农民领袖提出了各种行动纲领和斗争口号。如唐代黄巢的"均平"口号，宋代杨么等的"等贵贱，均贫富"等，都是人民所希望表达的良好生活的内容。

唐末王仙芝、黄巢起义，王仙芝自称"天补平均大将军"，提出了"均平"的口号，义军所到之处，他们会给贫苦的农民施舍周济。"均平"口号的提出是农民起义指导思想的一次进步，在以往的农民起义中，这种思想体现得并不明显。秦末陈胜吴广只是说："王侯将相，宁有种乎？"这更多是底层群众受到压迫后的一种愤怒情绪表达。西汉末年赤眉军的口号是"杀人者死，伤人者偿创"，也没有提出农民的政治和经济要求。王仙芝、黄巢起义比较明确地提出了农民的政治经济平等的要求。所谓"天补"，出于《道德经》"天之道，损有余而补不足"，王仙芝试图替天行道，来实现人道平均的目的。宋代的王小波在起义时就说他痛恨贫富不平，他起义的目的就是要均平天下财富。

同样在宋代，钟相、杨么起义提出"等贵贱，均贫富"，在政治上、经济上都提出了自己的明确主张，因为这种口号有吸引力，起义的声势很快扩大，不久就控制了数十个县城，他们逮捕土豪劣绅，赢得了广大人民群众的支持和拥护。明末，李自成也以"均田免粮"为口号，这反映了农民的现实需求，体现了农民的朴素愿望。

农民起义运动的理想和知识分子的改革理想相互呼应，都体现了人民的现实需求，这种反暴政、行仁政、均贫富、等贵贱的思想要求是一直以来中国人民不懈追求的理想目标。

第六章
《礼运》大同思想在清代后期的突起

在古代,《礼运》的大同思想总体上来看在儒学界并没有引起应有的重视,甚至儒者对此多持怀疑批判态度。肯定者多是强调大同与小康的连续性、道德与礼教的统一性,没有把大同与小康对立起来。因此,儒士阶层并没有夸尊大同,进而质疑现有的君主专制的合理性。古代的农民起义虽然也大都打出"均贫富"的口号,但是在他们的政治性的纲领中很少直接引用《礼运》的大同思想来为其正义性进行声张。

一、天国与大同:洪秀全与《礼运》大同

晚清以来,国门大开,在西方列强的猛烈冲击下,中国社会思想各个方面发生剧烈震动。腐朽的清朝帝制远远无法适应现实的巨大变革,在种种剥削下,人民苦不堪言,纷纷揭竿而起,于是清朝历史上规模最大的一次农民起义爆发了,这就是洪秀全领导的太平天国起义。洪秀全在其《原道觉世训》中说"遐想唐虞

三代之世，天下有无相恤，患难相救，门不闭户，道不拾遗，男
女别涂，举选尚德。……是故孔丘曰……"，下面就抄录了《礼
运》论大同一段。洪秀全年轻的时候多次参加科举都名落孙山，
一气之下抛弃儒学，改信基督教，但对《礼运》大同仍然很欣赏，
这也从一个侧面说明大同在儒学思想体系中确实比较特别。

《天朝田亩制度》书影

　　洪秀全所谓"天下共享天父上主皇上帝大福，有田同耕，有
饭同食，有衣同穿，有钱同使，无处不均匀，无人不饱暖"的理
想社会，可能他感觉这就是《礼运》大同的精神，但其实大同也
并不一定就是他所理解的这种物质上的绝对平均主义和共享主义。
《礼运》大同重在强调人的道德上的高度自觉，对物欲享受并没有
太多的追求，大家都有一颗公心，不会自私自利，观念上自觉地
打破自我中心。而太平天国的宣传口号反映了人们在物质极度匮
乏的状况下，对大家都能一样享受物欲的幻想。实际上，太平天
国胜利定都南京后，洪秀全本人就陷入了极度的物欲享乐中难以

自拔，由于利益权位的争夺，各派势力相互残杀，太平天国运动也很快覆亡。

关于理想社会的实现，洪秀全认为平均土地是最重要的，正式建立太平天国政权后，他颁布了《天朝田亩制度》。在土地的分配方面，这部太平天国公布的法典规定将乡村土地划分为九个等级，好坏平均搭配，然后以户为单位，不论男女，一律按人口平均分配，十六岁以上的分全份，十五岁以下则减半，还提出了丰荒相通，以丰赈荒的调剂方法。在产品的分配方面，实行圣库制度，就是说以二十五家为基层单位，在每个基层单位中设立一个国库，在粮食收获后，留足各家各户的口粮，剩下的粮食由政府统一收归国库，不仅是主要粮食作物，收缴国库的物品范围还包括农民所种所养的各种经济作物和家禽家畜以及所拥有的货币。各家遇有婚丧嫁娶和生育等事，按规定费用到"国库"领取，同时对于老弱病残、鳏寡孤独等已经丧失劳动能力的人，也统一由国库拨付财物进行抚养。《天朝田亩制度》还确认了君主政体，设计了从中央到地方的政权结构体系和官员的选拔制度。太平天国以"拜上帝教"作为自己的宗教，《天朝田亩制度》中强行规定国内无论官民，须信仰"天父上主皇上帝"，在每礼拜日听讲《圣经》，虔诚拜祭。洪秀全希望通过这一制度计划的实施，能够实现"有田同耕，有饭同食，有衣同穿，无处不均匀，无处不饱暖"的社会理想。

有学者认为《天朝田亩制度》是大同思想的具体化。《天朝田亩制度》所涉及的土地分配、产品分配均以均平为标准，并且规划了政权的结构形式，这也是历代农民起义的目标，而太平天国将此理想更加体系化、理论化了，也反映了农民阶层对于理想社会的普遍追求。虽然《天朝田亩制度》全面规定了太平天国的政治、经济、宗教等方面的制度，但是这一设计具有明显的空想性，实际上在太平天国颁布《天朝田亩制度》到太平天国覆亡的十一年间，这部具有宪法意义的纲领性文件始终没有得到认真的实施。而且《天朝田亩制度》中的政权对基层民众的经济和精神生活实行全面的控制，可以说，《天朝田亩制度》中的制度体系是财产共有和权力全面控制的组合。正是在清末的政治衰败和西方的战争、文化冲击的历史背景下，农民的经济平等诉求、基督教皆是上帝子女的平等观、军事斗争的残酷所要求的物品统一供给，种种因素促使财产共有成为太平天国经济制度的最主要基调，这种财产制度又必然要求政治权力的极度扩张，这种扩张深入到了基层单位。这在当时的严酷的战争环境下，是不可能维持长久的。

太平天国以自创宗教为号召，在成立政权后对以儒学为代表的传统中国学术采取敌视打压态度，而对其指导思想所依赖的西方基督教的文化背景、历史源流、人文习俗等又了解不深，使得太平天国既没有深厚的民族文化基础，也没有对西方"先进"文化的深刻理解，难免在理论层面存在种种缺陷，这也是太平天国运动失败的一个重要因素。

二、开眼看世界与大同观念兴起

随着资本主义殖民体系逐步确立，新式交通也不断发展，世界各国间的政治经济联系愈加紧密。国人对于西方文化认知也逐步加深，西方地理学的传入让国人知道世界是由"万国"组成，而不是只有"大清"。先进的中国人有了明确的全球意识，较为明确的大同学说的出现就与这种世界形势有关。有学者将近代大同学说的出现定位于十九世纪七八十年代[1]。王韬（1828—1897）、胡礼垣（1847—1916）、黄遵宪（1848—1905）、宋恕（1862—1910）、王树枏（1852—1936）等都有较为明确的大同理想。

王韬（1828—1897），中国改良派思想家、政论家和新闻记者，苏州人。他精通英文，得传教士麦都思的聘请，到上海墨海书馆工作，担任麦都思的助手，翻译《圣经》。据说，王韬在1854年接受洗礼，成为基督教徒。因与太平天国有牵连，受清廷通缉，避难香港。后接受理雅各邀请游历欧洲，牛津大学校长特邀王韬到牛津大学以华语做演讲。这是有史以来第一位中国学者在牛津大学讲话。1870年春，理雅各和王韬完成了《诗经》《易经》《礼记》等中国经典的翻译。1874年，王韬创办世界上第一家华资中文日报——《循环日报》，因此王韬被尊为中国第一报人。王韬自任主笔十年之久，在《循环日报》上发表八百余篇政

1　周予同：《周予同经学史论著选集》，上海：上海人民出版社，1983年，第252页。

论，宣传中国必须变法，兴办铁路、造船、纺织等工业以自强。王韬发表在《循环日报》的政论，短小精悍，每篇千字左右，切中时弊，被认为是中国新闻界政论体的创造人。1875年，王韬发表了著名的《变法自强上》《变法自强中》《变法自强下》三篇政论，在中国历史上首次提出"变法"的口号，比郑观应的《盛世危言》早十八年，比康有为、梁启超变法维新早二十三年。王韬主张以欧洲强国为榜样，变法自强，他对中国前途充满信心，"吾知中国不及百年，必且尽用泰西之法而驾乎其上"。

王韬在他的著作中多次言及"大同"，在《变法自强上》里表示"吾向者曾谓数百年后道必大同，盖天既合地球之南朔东西而归于一天，亦必化天下诸教之异同而归于一源"，在《纪卜斯迭尼教》里也有类似言论。他在《原道》中认为《中庸》所说"天下车同轨，书同文，行同伦""天之所覆，地之所载，日月所照，霜露所坠，舟车所至，人力所通，凡有血气者莫不尊亲"，这就是"大同"。他的大同说没有直接引用《礼运》，而是利用《中庸》来诠释大同，这可能是因为王韬一方面有基督教信仰，另一方面儒家的孔子之道对他影响也很大，他试图把两者调和起来，《中庸》重视"天"，这样儒学与基督教在他的独特大同论里获得了统一。也有学者认为，王韬这里实际导入了英国传教士提倡的"宇宙观念"（universal sense），这种观念认为，人类无分国家、民族、人种、阶级，都是上帝的儿女，应该平等相亲，自由诚挚。也有学者认为，王韬在中国近代文化史上较早地提出了一种新型的"大同理想"，而这种理想来源于十九世纪欧美乐观精神的"世界主义"。无论如何，王韬用《中庸》之语释大同，表达了对"六合将混为一"的想象，也体现出大同思潮在近代一出现，就有中国人在自己的文化背景下对于世界、全球的未来想象在里面，也表达对当时弱肉强食、列强入侵的一种不满，这无疑是一种世界主义、普遍主义的立场，在问题意识上也已经融入了西方宗教和思想文化的理想，因而与传统《礼运》论大同已经有了一定区别。

王韬虽多次言及大同，但他对大同思想并无太多直接阐发。相比而言，王韬的好友胡礼垣则终生言必大同，对大同的论述也比王韬深入具体。胡礼垣（1847—1916），字荣懋，号翼南，晚号逍遥游客，广东三水人。1857年随父亲到香港，开始接受西式教育。十五岁时进入香港中央书院学习。1887年，他开始与学生何启合作写作，两人的合作文章汇集为《新政真诠》一书出版，对中国改革维新提出了一整套理论和实施的方针。辛亥革命后，还曾致信伍廷芳、孙中山，阐述自己的理论主张。

胡礼垣二十一岁时就在《天人一贯》一书中明确提出了其"大同"理想。"大同"理想是胡礼垣最高的政治理想、最高的道德理想、最高的价值理想，为此他付出了一世的心血，甚至被誉为近代首倡"大同"理想第一人。胡礼垣认为，《周易》的同人卦就是讲大同之道的，在他看来，无论是宗教家、理学家，还是祖宗的在天之灵，路数虽各有差异，但其终极关怀，却皆归于"大同"；无论是东方文明，还是西方文明，都不能承担起永远解除人类痛苦的重任，而唯一能够将人类社会带入极乐世界的只有"大同"理想。大致说来，胡礼垣的"大同"思想来源有三：其一是中国传统文化，尤其是先秦儒家的"忠恕之道"；其二是包括佛教、基督教、道教在内的宗教思想；其三是受西方思想影响而形成的全球国家观念。胡礼垣"大同"理想的基本思想与内容即"孔子忠恕之道"，他说"无恩无怨，报何有焉，是之谓大同"，这又受到了佛教思想的影响。就儒学而言，胡礼垣把大同与孔子的忠恕、仁爱思想联系起来进行相互理解，这是其大同思想的重要特色。在中国近现代，思想家都以大同理想为归宿，中国近代社会的沧桑巨变，使近代中国思想家赋予了"大同"理想以新的内容。但胡礼垣的"大同"理想，不像康有为那样系统、完备，而是显得零乱、错落，散落于各种文学形式如剧本、诗歌、韵文中。他虽然孜求"大同"，且也多有论述，但终其一生没有写成一部如康有为《大同书》这样的学术著作，这也就是后世学人谈"大同"理想必然首推康有为的缘由之一[1]。

王韬、胡礼垣是中国的知识分子中比较早接触到西方新思想新文化的。王韬长期在香港、上海这样新思潮活跃的城市生活，也亲自去过英国、法国等资本主义国家，在牛津大学等知名学府做过学术讲演，与西方的传教士也来往密切，对于国外的新形势和世界的大势走向是比较清楚的。胡礼垣与王韬交往颇深，他的

1　参考张礼恒：《胡礼垣的大同思想》，《江苏社会科学》2008年第1期。

学术合作者何启更是曾经在英国留学十年，精通医学、法律，对西方文化有很深刻的认知，胡礼垣本人也出生于资本主义经济比较发达的香港，这让他对中西文化都有独到深邃的见解。但同时也应看到的是，王韬、胡礼垣作为最早提倡"大同"思想的人，他们的思想在当时并不占很重要的地位，他们在中国的知识分子精英层内还处于边缘的地位，这与他们僻居香港一隅有关系。到了十九世纪九十年代，这一情况有了改观，特别是康有为对于大同思想的弘扬起了重要作用，这个时期，清政府的一些官员开始接受了大同思想，像黄遵宪，还有一些地方上的改良知识分子，如宋恕、陈虬等也深受大同思想的影响。

黄遵宪（1848—1905），字公度，号人境庐主人，是清末的著名诗人。他曾经代表清政府出使日本、英国、美国、新加坡等，对于西方世界的情况比较了解，同时他也是知名的改革家。1897年他在湖南任职时，协助湖南巡抚陈宝箴变法维新，还邀请梁启超、皮锡瑞等著名学者在湖南讲学，推动思想解放。他的诗作题材广泛，结合时代情势融入了新的内容。在他的诗中也经常呼唤大同社会的到来，他写道："物情先见大同时""蜡余忽梦大同时""滔滔海水日趋东，万法从新要大同"[1]"举世趋大同，度势有必至"[2]。在实现大同的理想政体选择上，黄遵宪似乎颇有反复，他

1　《己亥杂诗》，黄遵宪著、钱仲联笺注：《人境庐诗草笺注》，北京：中华书局，2007年，第808页，847页，826页。

2　《病中纪梦述寄梁任父》，《人境庐诗草笺注》，第1075页。

在《纪事》诗中表达了对没有竞选弊病的共和制的向往，同时他又有立宪的思想。但无论黄氏主张立宪还是共和，都体现了他对西方政治制度以及其中蕴含的政治理念如自由、民主的认同。

宋恕（1862—1910）是浙江温州人，字平子，号六斋，近代著名的启蒙思想家。他的老师是著名的学者孙衣言、孙锵鸣兄弟，而孙衣言的儿子是晚清的经学大师孙诒让，宋恕也经常与孙诒让论学。宋恕出生和成长的地区浙东是近代资本主义经济发展较快的地区，新的经济形式的发展也促使着新思想的产生。同时浙东地区本身也有悠久的经世之学传统，从南宋时期的吕祖谦、薛季宣、陈傅良、叶适到明末的黄宗羲、全祖望都秉承着这一思想传统。面对清末的国家危亡情势，他写了不少政论文章，表达自己的改革理想。他在政论文章中提出开议院、更官制、发展工商业、汉字拼音化等主张。在政治终极理想上，他认为"据乱世为专制改进，升平世为立宪共和，太平世为无政府大同"[1]，并结合传统学说，认为"苟有权力者咸克以黄氏之说（黄宗羲）为体，以颜氏之说（颜元）为用，则大同其几乎，岂但小康哉"。黄宗羲和颜元都是明末清初的思想家，黄宗羲明确提出限制君权的主张，颜元因其提倡经世致用在清末曾经颇受推崇，宋恕推举二人，反映了他限制君权、改良中国政治体制的抱负。

与宋恕并称"东瓯三杰"的陈虬（1851—1903）是浙江瑞安人，他关心国事，很早就有社会改革的思想。他还是一位造诣很

---

1 参见刘其发主编：《近代中国空想社会主义史论》，北京：华夏出版社，1986年，第41页。

深的中医，曾经和另一位"东瓯三杰"陈黻宸在瑞安城创设利济医学堂，这是中国近代第一所新式的中医学堂，是浙东有医院之始。他不仅思想活跃，也有实践精神，曾经约集同志，试图建立一个类似于陶渊明笔下桃花源那样的理想村社。陈虬为这个村社取名为"求志社"，按照陈虬的规划，"求志社"是一个拥有一定数量的人口和家庭，具有生活管理、生产、分配、教化等多种功能的社会集体。这个集体内有管理机构，有管理人员，制定冠、婚、丧、祭等生活礼仪，这些管理人员是社员们推举出来的；这里还有社会分工，耕、织、渔、教等各种职业都存在，大家也可以自由选择；社里的主要生活必需品如大米等都实行公有制，统一供给，不过其他鱼盐等则是私有，听人自便。陈虬的这些规划十分美好，不过他的实践情况并不顺利，从实际的操作来看，这个求志社更多偏重于文人之间讨论学问，激扬时事。在当时的社会环境下，这样的社会实验也不可能成功。陈虬的维新改革，最后的指向是大一统，在他的著作《治平三议》中，最后一议就是大一统议。鉴于当时西方文化已传入中国，而且电报、电话的出现，交通工具如火车、轮船、汽车的新动力装置的发明，都让世界的快捷交流变得可能，虽然中国在这种各国交通的新形势下暂时不占优势，但饱读经史百家的陈虬对中国文化有着极为乐观的自信。他说西方的基督教现在来到中国，也正是中国的孔教以后传遍全球的先兆。为此，他甚至还设计了以后全球一统的政治治理方式。他认为全球一统依靠天生圣人，然后在东西半球各设立一个监管，封以王爵。一人主文，一人主武，文职驻印度，武职驻美国。"文则颁正朔，齐冠服，通钞法，均量衡，同文字，正音读，删经史，开学术，修公法"，为的就是达到天下道一风同的目的。武职则负责社会安定，还负责工程建造。二王下面还有各国的存在，并非天下大同就意味着国家的消失。这种政治想象应该是陈虬从《春秋》中得到的启示，《春秋》有天子，有二伯，有诸侯，与陈虬的政治设计正相吻合。从这里可以看出，启蒙思想家的政治改革设计，其背后有深厚的中国传统思想的根基。

虽然近代中国的现实是积贫积弱、任人宰割的，但中国的儒家知识分子改良国家、追求大同的理想一直是坚定的，他们对自己的文化优势是自信的，这让他们对孔教在全世界的传播一直很乐观。这一时期，宋恕等人的改革理想较之于先前的王韬等人，理论更加系统化，形成了比较切实的中国经世思想与西方经验相融合的维新思想，这些维新思想的追求目标大多数指向世界最终的大一统。在宋恕、陈虬、黄遵宪的论述中，多关注实际的国家政治经济的改革问题，追求的是先实现国家的富强，对于中国学术如何应对西方文化这个问题则较少论及，从这个角度来谈大同问题的，王树枏是一个代表性人物。

王树枏（1852—1936）是清末著名的学者，曾官至新疆布政使，他的著作除诗文外，多是经史著作，不像胡礼垣、王韬等以政论著作扬名，也不像黄遵宪以诗名满海内，他更多是从学术角度阐扬大同思想。辛亥革命后，王树枏慨于"权利思想日益发达，人心陷溺日深，道德一落千丈"，曾参与创立"世界大同学会"[1]，希望化民成俗，他说成立此学会的宗旨是"讲明道德，增进人格，觉世救民为惟一之宗，以合同进化，铲除宗教学说门户习见，证明道德同源为不二之旨。……合各教教士，各种民族之秀良，讲通古今中外异同之学说，以谋进于大同之治"[2]。王树枏认为这一切"必自学始"，这是王树枏与早期大同学说提倡者的不同。早期学者多直接从政治制度立言，王树枏开始从中西学术的统合来认识问题了。他以儒释道三宗来统括世界一切宗教，他说："自有世界以来，惟道孔释三宗鼎立，其余皆其支与流裔。"[3]其中又特别重视孔学，"支流派别衍成世界种种之政教，而其实所发明表见者，不过孔子道术之一端"，"孔子之学囊括中外，绳贯古今，非惟言新学者懵然不知，即言旧学者亦冥然莫解，创世惊人之事，皆在微言大义之中，其道著之于经，其术藏之于纬"[4]。与王韬、胡礼垣不同的是，王树枏以为"将来世界大同之学以几于政教之大同"，其方法就在于"以保持国粹为主"，"以发明国学为主而萃集各国诸说"。在王树枏这里，已经出现了以中国学术整合世界学术来解决中国政治社会危机的意识。王树枏关于中西学术如何整合以达到

---

1 "世界大同学会"的成立时间为民国初立的1913年，具体发展情形已不可考。参与者多为传统的老派学者，其性质与"孔教会"类似，但"世界大同学会"的学人性质更加浓厚。

2 王树枏：《拟世界大同学会简章》，《中国学报》1913年第4期。

3 同上。

4 同上。

中西大同的思考，在同时代的经学家廖平那里得到了更充分的展开，我们在下一章将谈到这个问题。

这些思想家们对于大同世界的实现有着充足的信心，这种信心也源于他们对于中国历史文化的自信和热爱。他们认为西方国家用武力打开中国的大门，是上天为了帮助中国而做出的独特安排，上天让中国见识到西方先进的器物技艺，不是为了为祸中国，而是为了让中国利用这些器物技艺，将自己讲求人伦、崇尚王道的文明发扬光大，并以此与西方相互交流，达到同化他们的目的，最终能够混同万国，全球一统。

总体上讲，从十九世纪七八十年代到新文化运动前，大同思潮一直兴而不退，活跃在儒家知识分子的言说当中，早期的大同学说多仅从器物制度层面着手进行讨论，未对中国固有学术体系、义理思想进行批判吸收和重加阐扬，其大同学说尚有待深入。

第七章

康有为与近代儒学的大同思想

　　康有为的学术和政治实践对近代中国的现代转型产生了深刻影响，他本人的多面向也让后人对他的评价毁誉参半，干春松如此描述他对中国思想界的影响："康有为作为最早提倡民权、宪政的政治思想家，他是中国现代自由主义思潮的先驱；同样，他对大同理想的新阐发，影响了一批致力于建立中国式社会主义的政治家；甚至是不平等的世界秩序的最早、最系统的批评者。"[1]同时，他还是近代儒学变革的代表人物，今日中国内地的儒家知识分子也多受他的影响和启发。可见，康有为对中国近现代史和近现代观念史的影响是不能低估的。

　　康有为的大同思想内嵌在他的整体儒学理论当中，是在民族危亡、传统价值体系面临崩溃的时代背景下产生的。对于中国自身文明的更新而言，康有为思想最大的意义就是试图在中国前所未有的变局当中改革儒学、重塑经学，试图以他的新经学指导中国的未来道路乃至世界的发展路径，正是着眼于康有为儒学处理

1　干春松：《康有为与儒学的新世》，上海：华东师范大学出版社，2015年，第174页。

的新问题，康有为才称得上是现代儒学起点的标志性人物。当然，此时尚有廖平、孙诒让、宋育仁等人同样试图通过对儒学的重新阐释来确立儒学在中国现代化转型中的定位，而康有为的影响无疑是最大的。

一、康有为大同思想的形成

康有为

康有为（1858—1927），原名祖诒，字广厦，广东南海人。康有为生活的年代，正是中国内外交困的时代。在康有为出生的十八年前，资本主义国家的坚船利炮第一次展现在大清王朝面前，天朝上国一百多年的稳定骤然被打破，以后又陆续发生了第二次鸦片战争、中法战争、中日甲午海战等，每一次战后，清政府都与西方列强签下各种不平等条约，赔款割地，开放商埠，中国逐渐被强行拉入整个西方列强所主导的世界资本主义政治经济体系中。同时，中国内部，战乱不断，太平天国、捻军等大规模农民起义的战火绵延二十年之久，在这样的环境下，可以想见人民生活的水深火热。康有为在《上清帝第一书》中提及清政府面临的危亡情况时说，日本谋取朝鲜，在中国东部觊觎吉林；英国开发西藏，在中国西部窥视四川、云南；

俄国在北面修筑铁路，逐渐逼近盛京；法国在南面煽动乱民，谋取云南广东。同时教民、会党遍布江楚河陇之间，中国内部也十分不稳。

当时的中国不仅内外形势十分紧迫，国家的政治经济秩序面临崩溃，而且中国的伦理秩序、价值体系面临着前所未有的挑战。中国面临的情状，并不是似曾相识的中国朝代末期的江河日下，而是与之前全然不同的新的世界图景，中国之前的与外界交往的以天下观为基础的朝贡体系不再适用于新的世界。中国面临着与自己完全异质的文化体系，在过去的强盛时代，也许中国尚可认为这些都是蛮夷文化，而在中国大门一次次被大炮轰击的时刻，国家面临危亡，价值体系面临崩溃，知识分子自然会追寻中国要往何处去的问题：是不是要全盘接受西方的思想价值体系，实现富国强兵？如果不是要中国变成另外一个西方，那么儒学如何才能指导我们前进的方向呢？

清代晚期，统治阶层接受的是宋明理学，一般知识分子当中流行的则是乾嘉以来的古文经学、考据学。但无论是长于内圣的宋学，还是考据精密、斤斤于文字音韵的古文学，都不能给当时的中国指出一个明确的发展方向，直到康有为以大同为目标的三世说出现。

康有为自小非常聪明，他的祖父康赞修是道光年间的举人，对他影响很深。康有为八岁就跟祖父诵念经书，在祖父的教育下，康有为有了良好的儒学知识修养。在十九岁时，康有为拜当时的岭南名儒朱次琦为师，朱次琦是一位理学名家，是岭南儒学的代表人物。不过朱次琦和康赞修所习都是理学，面临生民痛苦，康有为感觉理学只能修己却不能救世，对于现实情况很难给出一个让康有为满意的答复。后来，康有为遍览佛学书籍并开始在1879年接触了西方的文化。青年时期所接触的广博知识也为后来康有为整个儒学理论的建设奠定了基础。

据康有为自述，他从1884年就开始推演大同之义，1885年，他曾手订大同之制，写成《人类公理》一书。1886年，他又写《公理书》，但这两本书都没有出版，也没有流传。《实理公法全书》可说是现存康有为著作中体现早期大同思想的作品，这部书的具体著作日期尚不能确定，但大致在1888年前。不过在此时，他还没有接受今文经学的学术立场，也没有在《实理公法全书》中提及"大同"一词，康有为大同思想的真正成熟，还要等到他接受今文思想之后。

1889年对康有为是一个重要的年份，这一年，四川的今文经学家廖平应恩师张之洞之召前往广州，康有为前往广雅书院访问廖平，廖平将新著《知圣编》《辟刘编》拿给康有为看，康有为当时并不能接受廖平的观点，曾经写信斥责其观点，要求廖平焚毁自己的书稿。后来廖平又访问康有为于广州安徽会馆，两人讨论切磋，康有为接受了今文经学。康有为大同思想的成熟阐发就是依托于今文经学中的公羊学三世说。

《公羊传》中说："所见异辞，所闻异辞，所传闻异辞。""所见""所闻""所传闻"就是指"三世"。西汉董仲舒提出把《春秋》中的十二世分成三等,其中哀、定、昭三公是所见世;襄、成、文、宣四公是所闻世;僖、闵、庄、桓、隐五公是所传闻世。东汉经学家何休又在此基础上更进一步,说:在所传闻之世,开始治理衰乱之世;所闻之世,升平世出现;所见之世则已是太平世,在太平之世,"天下远近大小若一"。康有为进一步发展了公羊三世说,将三世说与小康大同说相互关联,他认为三世说是孔子的说法,将三世说放置在《春秋》之中加以说明,所传闻世是据乱世,所闻世是升平世,所见世是太平世。所谓乱世,还没有文教,升平世开始渐有文教,是小康之世,太平世时文教大备,也就是大同之世。他又接着说:孔子学说有微言大义之分,大义多是小康之学,微言多是太平世之学,这也是《春秋》学的第一要义。

三世说在康有为儒学理论中居于核心地位,他的现实行动和对中西文化的看法都可以在三世说中得到解释。他主持的戊戌变法、民国后的复辟活动、建设孔教的努力都建基于他对当时中国处于小康之世,还没有到泯灭民族国家、实行全民民主的大同阶段的判断。同时,大同处于他三世说的最终阶段,大同是三世说的历史发展必然,他通过《公羊传》的三世说为中国所处的历史阶段做出了说明,同时也指明了中国道路的方向。

不过,康有为大同思想的详细说明、具体创建是在他的《大同书》中。关于《大同书》的具体成书时间,学界是有争论的。

根据《大同书》题词的说法，在康有为二十七岁的时候，也就是 1884 年，他就开始撰写《大同书》，《大同书》甲部《入世界观众苦·绪言》也是这种说法。二十世纪五十年代末以来，又有 1901—1902 年康有为游居印度时成书一说，梁启超在《大同书》题辞脚注中也说："辛丑、壬寅（1901—1902）避地印度，乃著为成书。"而汪容祖认为《大同书》可能早在 1896 年就已经脱稿，还有人根据手稿本附犬养毅跋文，认为 1898 年 9 月康有为流亡日本时已经成稿二十余篇。不过《大同书》的最后成稿时间是在 1902 年之后，这是没有问题的，1902 年之前应该是康有为《大同书》的酝酿草创期，康有为后来对《大同书》也有部分续补。

康有为的书法作品

这本书的甲乙二部最初由《不忍》杂志在 1913 年刊布，1919 年，上海长兴书局曾经将此两部单印出版。全书在康有为去世前并未出版，这是因为康有为一直拒绝在生前全部刊印《大同书》，他死后，弟子钱定安整理《大同书》，于 1935 年由上海中华书局印行。至于康有为为什么不把《大同书》马上刊印出版，大概因为当时的中国现状据康有为判断，处于据乱世与小康世之间，当以小康世之法治之，如果贸然以《大同书》中的社会政治主张来处理中国的事情，是不合时宜的，会产生负面效果，这显示出康有为是一个理想主义的思想家，同时也是一个审慎的注重社会实际的改革家。

二、《大同书》的主要思想及其历史影响

康有为大同社会的人性基础是人都有不忍之心，不忍之心也就是"仁"。人和万物都有仁性，"仁"是天所固有的本性，天生养万物，自然万物也都有"仁"的性质。康有为之所以有解救生民苦难的理想，就是因为他有不忍人之心，他的一切行为也是他不忍人之心的体现，所以在中华民国建立以后，他就将其创办的杂志定名为《不忍》。他的弟子钱定安说，《大同书》的创作，正是先师康有为本不忍之心，依托《春秋》《礼运》等经典的义理而作。

（一）人生诸苦

理想社会的构建多是基于现实苦难的刺激，康有为认为人生多苦，他列举人类的六种苦，并将这六种苦再进行分类叙述，巨细无遗。这六种苦即人生之苦、天灾之苦、人道之苦、人治之苦、人情之苦、人所尊尚之苦。这种因人生之苦而生种种想法的论证方式与原始佛教颇为类似，佛陀也是看到众生皆苦，都要经历生

老病死的折磨，才选择出家，悟得诸行无常、诸法无我的真谛。不过，同是观世间众苦，佛教选择出世涅槃，而康有为则秉持儒家刚健有为的精神，积极进行社会建设，两者的精神取向是极为不同的。

康有为所列举的人生之苦中包括投胎、夭折、废疾、蛮野、边地、奴婢和妇女七苦。投胎即指不同的人出生在不同的家庭里，所面临的人生方向、人生选择和最后的收获结局都会极为不同。投生为巨富之子，那生来就锦衣玉食，田园无数；生在贫苦之家，可能温饱都成问题，也可能生病都不得医治，一生劳苦也可能看不到人生的希望。妇女之苦主要针对古代社会将妇女等同于物品的情况，妇女遭随意霸占欺凌，与男子相比，地位极不平等。

人所尊尚之苦有富人之苦、贵者之苦、老寿之苦、帝王之苦、神圣仙佛之苦五种。康有为认为这五种人或仙佛之类一向被人所羡慕，但其实这些人一样有苦楚。如富人之家，兄弟争夺财产，夫妇斗气等事情或有发生。而贵者即使位极人臣，出将入相，也难免有不虞之祸，或受同僚排挤，或遭上司贬谪，都有可能。康有为同情人类所遭受的这些苦难，批判造成这些苦难的根源，他认为"乐而无苦是人类生存于世的至高与唯一的目标"[1]。人之道不过苦乐而已，去苦求乐是人类应该追求的目标，康氏认为乐就是善。他也把乐当作评价社会制度和道德体系的准绳，他认为墨子

---

1 ［美］萧公权：《康有为变法与大同思想研究》，南京：江苏人民出版社，1997年，第392页。

崇尚苦行，节用非乐，这与他去苦求乐的主张不合。他通过自己的分析研究，认为人类一切苦难都是因为人类存在"九界"。

（二）大同之路

康有为所说的九界分别是国界、级界、种界、形界、家界、业界、乱界、类界、苦界。级界是人类的贵贱差别，种界是黄白棕黑的种族之别，形界就是男女之分，业界是农工商各行各业之间的差别，乱界是人间一切不公不平的制度，类界是指人类与鸟兽虫鱼之间的差别，国界、家界、苦界较易理解。而人类之太平大同，就在于消除这九界。正是这九界才导致了人类的一切灾难。九界之中，最为重要的就是国界、家界、业界和形界。

康有为论述了国家、家庭存在的危害。他认为国家的起源、发展是自然发展的趋势，人民由分散逐渐到有秩序地聚集在一起，各种共同体之间从闭塞到逐渐开通交流，这些都是自然发展的结果。但是有了国家，争地争城的现象也出现了，于是各国又从人民中征兵，一战至于千万人死。而且，人类技术越发展，战争的危害性就越大，人民的伤亡也越多。国家最大的危害还在于会让人养成争斗心，养成私心，会造成人性的残忍褊狭，不利于良好人性的培养，不利于不忍人之心的养成。

康有为不仅是卓越的思想家，而且很擅长辞章之学，他十分形象地描写了国家纷争造成的战争危害，读来让人动容，他说："稍遇矢石锋镝，枪炮毒烟，即刳肠断头，血溅原野，肢挂林木，或投河相压，或全城被焚，或伏尸遍地而犬狐嗥啮，或半体伤卧而恶疫继死。观近者德焚法师丹之影画，草树黏天，山河雄郁，而火烟触野，船楼并炸，城屋半坍，尸骸蔽地，或犹持枪窥发，而后股中弹死矣。其妇女奔走流离，或屋塌烟郁，而全家尽矣。"[1]《大同书》一书多此类描写极为细致的语言，让读者直接感受到人类各种界别的存在对自身造成的伤害。

同时家庭制度也是人类痛苦的一个根源，这跟传统儒家观点有着明显的冲突。康有为认为，在人类之初，并没有家庭，孩子刚出生的时候，只是母亲抚养，人类只知道母亲不知道父亲，正如兽类一样知有母不知有父，而且雄雌交配无定。他以中国历史举例，周朝的先人后稷就是只知道母亲姜嫄而不知其父，传说其母就是踏巨人足迹而怀孕的。后来男女交合已久，有的两相情好不愿分离，也有的凭借其强大的武力强行占据女性，于是才慢慢有了夫妇之道，夫妇所生之子才得到慈爱养护，并进而有了兄弟姐妹，家庭始告成立。但家庭之害也由此而生，比如因为有家，而私其妻子不能天下为公；比如因为有家，牵累必多，心术难免自私，便会有奸诈、盗伪、贪污之事等等。总之，有家即有私，若想养成善性，必须去家。康有为还注意到男女之间不平等的情况，提出要解放妇女，使男女平等，实现女子的独立自主。

康有为还评判了不平等的社会经济制度。他批评资本家剥削工人造成贫富差距的拉大；他批评商业的无序竞争造成人心败坏，利己主义盛行；他也认为不均等的农业制度造成农民的贫苦穷困。

---

1 康有为：《大同书》，北京：华夏出版社，2002年，第74页。

总而言之，这是奉行私产制的结果，所以康有为主张大同社会实行的是生产资料公有制。

在去国界方面，康有为提出了去国界的三个步骤，第一，在乱世，各国之间相互联合兼并，形成平等联盟之体，这个时期，各国之间以平等的关系组合在一起，各自享有自己的主权，康有为希望借此达到弭兵的目的。第二，在升平世，以整个世界为单位，设立公政府，这是各联邦统一于大政府之体，在这个阶段，各国形成联邦后成立公共政府来管辖各国之间的事情，各国自己治理本国的内部事务。最后，在太平世，也就是大同社会，国家制度彻底消亡，形成去国界而世界合一之体。这个时候，邦国被消除，成立自主的州郡统一于公政府，公民推选议员和行政官进行管理工作。他还设计了大同社会国土的分治标准、大同公政府的政体、地方政府的政体等。他认为国界进化，由分到合，是自然之势，虽然在这个过程中，会有阻碍困难，会有反复，但是他相信国家的消亡是国家进化的必然结果，这种趋势是不会改变的。

在破除家界和形界方面，康有为认为首先必须从男女平等独立开始。到大同的路，最难是在消除国家，而去国则需从去家开始，去家则以男女之间的平等独立为前提。如何做到男女平等？第一要设女学，教授女子知识，让女子学习，提升女子的文化素养，进行启蒙工作；第二要赋予女子和男子同等权利，女子可以像男子一样参加选举，做官，做老师，但问才能，不问男女；第三，婚姻自由，女子可以自行择配，不必有父母之命、媒妁之言。

康有为还认为男女婚姻合约应当有期限，不能作终身的婚约，婚姻的期限不能超过一年，最短的也要满一个月，如果想情好如初可以续约。康有为这样设计的原因是，行期约之事，可以防止奸淫情况的发生。

为了去家，康有为从公养、公教、公恤三个角度进行制度设计。在公养方面，他主张政府设立胎教院、育婴院、怀幼院；公教方面，设立蒙学院、小学院、中学院、大学院；公恤方面，设立公立医院、养老院、恤贫院、养病院等。这样，在出生、养育、教育、养老、疾病等各个方面，康氏都做了详密安排，人生的各个阶段，都有政府机构进行安排，从而父母无须抚养教育子女，子女无须赡养父母，父母子女之间隔绝不多见，渐渐至于不相识，从而不必出家而自然无家，去家的目的也就达到了。

康有为大同思想的经济观就是共产化，经济生活的方方面面都要公有化以至国有化，这也是康有为大同思想中的核心部分。大同社会就是一个没有私产的公有社会。他说："欲致大同，必去人之私产而后可。凡农工商之业，必归之公。"[1]个人不能有自己的田地、工厂、商店，如果人人独自经营，在农业层面，耕地分散不利于机械化大生产，也不能进行统一筹划，造成生产力低下和资源的浪费，康有为认为政府要设立专门的农业管理机构，总天下之田；建立专门的农业学校，传授农业的最新知识；因地制宜，发展农业、畜牧业、养殖业等。在工业层面，如果不行大同，贫

---

1 康有为：《大同书》，华夏出版社，2002 年，第 282 页。

富差距过大，国家政权不稳，同时也会造成巨大的浪费，所以政府要设立专门的工业机构，"公政府立工部，各部小政府立工曹，察其地形之宜而立工厂"[1]，还要改善工人的生产生活条件，让工人有丰富的娱乐精神生活，比如设立音乐院、戏园、讲道院等；还要注意工业知识的普及学习等。同样，商业的私有也会造成贫富差距和社会矛盾的激化，同时，商业竞争让人机诈百生，无助于人性之善的发扬。所以政府建立商部，由政府衡量境内人口数量，考虑他们的贫富程度、所用物品数量等情况，进行商品的统一云摄、采购和分配，这样可以改善人民生活，促进就业，还能调节物价，统筹议员，防止资源浪费。

总之，通过人类的努力，大同制度的实行，大同社会物质财富极为丰富，满足了人们衣食住行各方面的欲望，同时人人平等，社会关系和谐，人类群体脱离诸苦，可以自由追寻自我的精神升华。

大同作为一种从古相传的观念，经过近代学人的阐释，深刻影响了中国现代意识的形成。大同这种思想观念本身也是多变的，康有为之前，不少人也对大同做过自己的理解。不过，大同作为现代人理解的一种观念意识，康有为的阐释无疑是影响最大的。

在政治上，将大同理解为一个国家消亡、全球统一的阶段几乎是所有大同思想家的共识；在经济上，将大同理解为生产公有、政府统一调度的统制经济；在精神追求上，特别强调平等精

---

1 《大同书》，第 288 页。

神。高瑞泉先生就将《大同书》视为中国第一个全面阐释平等主义的纲领性文献，许多学者也将大同思想视为中国绝对平均主义的佐证，这都显示出康有为对大同思想阐释的巨大影响。在文化态度上，大同思想是一种普遍主义、世界主义的主张，认为人类有共同的人性追求，应该追求相同的精神价值和制度建构。康有为《大同书》中的大同思想虽然未必是儒家大同思想的一个忠实的还原性诠释，但他几乎涵盖了国人在近现代历程中对大同的所有想象。

但是学界对康有为大同思想的儒家性质一直有疑惑，康有为灭弃家庭的理想与儒家重视人伦的思想无疑是冲突的，同时他也试图通过种族融合消灭棕色、黑色人种，这种带有种族主义歧视的思想也与儒家和而不同、天下一体的思想相矛盾。还有康有为的经济统制思想与中国历史上县乡自治的历史事实也有不合之处。但是，康有为又很奇特地将他的大同思想嫁接在公羊学的三世说中，企图在经学的框架内对人类的发展做一说明，这又不能不说是他对经学的一个突破性的大发展。

三、梁启超、谭嗣同的大同思想

梁启超（1873—1929），字卓如，号任公，又号饮冰室主人，广东新会人。他是康有为弟子中成就最大也是最知名的。梁启超少年得志，1889年，梁启超不到二十岁就考中举人，1890年，他投到康有为门下，成为康有为学术上的得力助手。

在梁启超的学术生命早期，他深受康有为的影响，梁启超和康有为的大弟子陈千秋是最早听闻康有为演说大同之义的一批学生，梁启超对于大同观念的认知也不出康有为的藩篱。梁启超开始在思想言行上的独立始于 1901 年到 1902 年间。在这期间，流亡海外的康有为与梁启超发生了分歧，1902 年，梁启超在《新民丛报》发表了一篇名为《论国家思想》的文章，在这篇文章里，梁启超主张以"国家主义"取代"世界主义"，他在《南海康先生传》里说康有为的思想最缺少的就是国家主义，康有为思想的重点是个人的精神和世界的理想，这两者并不是不重要，而是在当下的中国，它们不能用来教育国民在这个民族竞争的世界生存下去。很明显，基于当时中国积贫积弱、帝国主义肆虐全球的现状，梁启超认为只有整合民族力量，提倡国家主义，努力建设强大独立的民族国家才是当务之急。

后来，梁启超游历欧洲，思想又发生了变化。他认为中国人自从有自己的文化以来，从来没有以国家作为人类的最高团体。中国人论政治，往往以全人类为对象，以整个天下作为自己的视野范围，国家在次序上是位于家族与天下的中间阶段。中国文化认知中的政治，是不能为全人类中的某区域某部分人谋取利益的，而是要为普天之下的所有人类和物类谋求利益。儒家理想的政治是发挥"仁"的精神意识，将此精神扩展至全球乃至天地之间的一切物类，此即儒家的大同世界。

梁启超的学说思想是多变的，他早期信奉康有为学说，中期与康有为的观点出现了分歧，晚年则在一定程度上复归了对康有为学说的理解。其实康有为也并非仅仅是一个世界主义者，在终极目标上，他自然是对人类大同有着坚定的认同，但他同时也相当重视中国民族国家的建设，他曾经撰写《物质救国论》《金主币救国论》《中华救国论》等文章，就如何改变贫弱的中国现状、复兴中华文化等提出自己的主张。在他看来，当时的世界还没有到鼓吹世界大同的阶段，实现国家的独立和民族精神价值的重塑才是应该马上去做的事情，可以说康有为是一个头脑清醒的理想主义者。

伴随着经学的解体和学术思潮的转变，梁启超没有像康有为那样试图在经学框架内阐释现实的变化，规范自己的现实政治活动。这显示出梁启超不再是康有为那样坚定的（最起码是主观上的）儒家信仰者，从中可见儒学解释系统在新的历史条件下不再是知识分子唯一的变革现实的依据。梁启超与章太炎一样，都是中国的传统学术走向现代学术的先行者，梁启超也自始至终自觉地引领着这股潮流，他提倡"新史学"，倡导"史界革命"；他写过《儒家哲学》，试图将儒学改造为哲学；他还探讨了中国的伦理学、教育学、新闻传播学、政治学等各方面的学科建设，这与康有为以传统经史之学容纳西学的做法是不同的，也反映了两人所处时代的变迁导致的中学、西学势力的消长。

谭嗣同（1865—1898），字复生，号壮飞，湖南浏阳人，其所著《仁学》是维新派的第一部哲学著作。谭嗣同不是康有为的直系弟子，但谭私淑康有为，受康有为的影响很大。梁启超在给谭嗣同的著作《仁学》写的序中说："《仁学》何为而作也？将以光大南海之宗旨，会通世界圣哲之心法，以救全世界之众生也。南海之教学者曰：'以求仁为宗旨，以大同为条理，以救中国为下手，以杀身破家为究竟。'《仁学》者，即发挥此语之书也。"可以看出，谭嗣同《仁学》的创作，是对康有为学说的自觉继承和发展。

谭嗣同生在一个官宦之家，他的父亲谭继洵官至光禄大夫、湖北巡抚兼湖广总督。谭嗣同自小洒脱不羁，性情豪迈浪漫，还有一种任侠风格，他和当时江湖上的武林高手大刀王五和通臂猿胡七都交情深厚，这让谭嗣同的气质与众不同，他既有浪漫诗人的文采风流，也有习武之人的豪爽侠义，这种性情一定程度上反映在他的作品当中，也影响了他以后的人生选择。在戊戌变法后，他也有机会逃亡，但最后他选择了留下，同时他也对康有为、梁启超的出逃深表理解，他觉得凡是变法事业，没有流血牺牲是不可能成功的，他自愿做为变法献身的第一人，这也是他侠义人格的一种体现。他在《绝命诗》中说："去留肝胆两昆仑。"正是他意识到变法事业的伟大，所以他认为不管是因为变法失败出走的人还是留下的人，都是肝胆相照，光明磊落，这些人的精神也将像昆仑山一样永存。他的大同思想主要集中于其最重要的著作《仁学》中。

谭嗣同的大同思想脱胎于康有为的大同思想，并将大同思想嵌置于《公羊传》三世说的历史哲学中。他认为，据乱之世是君统时代，上下尊卑的区分十分严格，利益等差逐渐消失则是升平之象，而大同之治则是父子平等、君臣分别已经不存的时代。在包括谭嗣同在内的康门，有自己独特的一个孔学流衍的谱系，谭嗣同提到，孔学的流传分为两大支：一派是曾子传子思再传孟子，孟子宣传的就是民主的道理，另一派是子夏传田子方而至庄子，庄子同样也是痛骂君主，反对君主专制。但孔学这两支都没有流传下来，流传下来的是维护君统的荀子之学。与谭嗣同的孔学派系划分相类似，康有为的弟子陈焕章也对孔教统系做过划分，与谭嗣同的划分基本一致，陈焕章认为孔子之教分为大同、小康两个派系。小康派，由仲弓传荀子，到李斯才将学派主张付诸实际，后世遵守，这就是谭嗣同说的百代都行荀学。大同之道分为两支，一支由有若、子张、子游、子夏传之，子夏传给田子方以及庄子，另一支由曾子传给子思、孟子。只是这两支的学术传承都不显赫。从中可以看出，陈焕章和谭嗣同对中国学术史的看法如出一辙，显然他们两人的看法都来自康有为。

谭嗣同对大同社会的看法，与康有为也很相似。在谭嗣同设想的大同社会中，政治上，是国家消亡的全球社会，国家废除之后，战争也不会有了，人人都能得到自由，同时君主制度废除，人民普遍平等。在宗教方面，大同社会是一个诸教合一的社会，谭嗣同认为佛教、孔教、耶教精神一致，未来可以以佛教为全球宗教，来实现人类的精神统一。在经济方面，主张经济平等，均贫富，他认为中国古代的井田制是很有效的方法。

　　谭嗣同对于政治经济平等的追求，源于他对儒家的"仁"的理解。谭嗣同认为"仁"以"通"为第一要义，"通"的表象是"平等"。"仁"是"通"的出发点和归宿，"通"是"仁"的实现路径和行为规则，最后达到普遍平等的效果。因此，出于"仁"的观念，只有通过"通"的实现才能达到以平等为标识的大同世界。谭嗣同说"通"有四个层面，就是中外通、上下通、男女内外通、人我通。中外通就是中国与外国间的交流相通，互相学习。基于中国当时的贫弱国势和落后的技术水平，中外通实际主要意味着中国应向当时的资本主义国家英法等国学习。要学习他们的科技知识、人文知识，开放思想，启蒙民众；要学习他们的议会政治，设议院，限君权，追求政治上的民主权利；要学习西方的经济制度，大力发展民族经济，引进西方先进的技术和机器，发展工商业，提升国家的经济实力。同时，中国和其他国家在信仰上是不同的，不同地域的人们有信仰佛教的，有信仰基督教的，也有信仰孔教的，这些宗教虽然成立时间不一，流行国家不同，但是在谭嗣同看来，它们的教旨是相同的，就是平等，在平等的基础上，中外是能够实现相通的。第二是上下通，上下通的理论来源于《易经·泰卦》："泰，小往大来，吉亨。则是天地交而万物通也，上下交而其志同也。"而《易经·否卦》中说："否之匪人，不利君子贞，大往小来。则是天地不交而万物不通也，上下不交而天下无邦也。"这更是指出了上下不通将导致的严重后果，即上下不交将致使天下无邦，也就是天下大乱，不得安宁，君主和官员就会用权力来压迫臣民，父亲就会用等级关系来要求子女，丈夫会用礼教来约束妻子，如此，上下之间关系就不会融洽，所以要上下相通才能实现社会关系和社会秩序的平稳和谐。由此，上下通所要求的就是要限制君权，提升民权，使君民平等，让下情能为上层得知，其政治含义是明确了立宪制度的理论基础。上下通的另一含义是要求父子平等，这是谭嗣同对"三纲"的一种明确拒绝，他希望能够打破一切对人的钳制束缚，冲破网罗，实现人的绝对自由，这是谭嗣同对当时清王朝黑暗专制的统治感到绝望的一种理论反映。男女内外通提倡的是男女相通，男女平等，这其中反映的是谭嗣同妇女解放的思想。谭嗣同曾经严厉斥责女子缠足的现象，认为这是一种陈规陋俗，对妇女的身心都造成了伤害，不符合天理人情，应该予以废除。上下通、男女内外通都是谭嗣同针对封建纲常礼教所提出的，他不仅要求政治改革，还要求社会意识的改变，他进行的是一种启蒙事业。谭嗣同的这些主张很明显也影响了后来的"五四"诸公，"五四"诸公攻击孔学就是以封建礼教、三纲五常为把柄。维新思潮作为思想解放运动，在启蒙的追求上与新文化运动是一脉相承的。人我通就是破除人我彼此的分别和对立，实现人性的自由，实现人与人间的人格平等。

通过相通措施的实行和相通思想的启蒙，谭嗣同希望能够实现平等的大同社会，他认为"通"所表现出来的现象是平等。在大同社会中，人与人之间就是平等的。这种平等是多层次的，如我们上面所提示，人与人在政治权利上是平等的，在这一意义上，他批判了忠君、君主专制等思想。人与人在经济上是平等的，谭嗣同提出井田制，在工商业层面，他也要求节制资本，防止垄断，避免贫富两极分化。在父子、夫妻、朋友等各种社会关系上，人与人都是平等的，没有上下尊卑，人人得以自由发展。

总的来看，近代儒学的大同思想，基本上仍然沿着康有为的思路进行延伸发展，在一般的历史评价中，康有为及维新派诸子的思想起到了思想解放和思想启蒙的作用，使西方的民主自由思想进一步在中国传播。大同思想吸纳了西方的政治制度和社会理想，这突破了儒学原有的思想范畴，是对儒学的一次创造性诠释。但同时，康有为及其弟子的思想也开启了中国激进主义的序幕，康有为尚在中国传统思想的范围内进行解释创新，而吸收了康有为等今文经学成果的古史辨派则开始怀疑经典的真实性，完全抛弃了儒学的经典体系和价值系统。

四、推倒一时、开拓万古：廖平的大同经学构建

一般讲到廖平的大同学说，都将他附于康有为的大同学说下面，将廖平作为康有为的师友侧翼来看，没有给廖平以独立的学术地位。实际上，这对于廖平来说是不公允的，廖平的经学思想建构在近代思想史上对经学的发展和改进极富借鉴意义。当代儒学的复兴也必然是儒家经典研究的复兴，廖平一生所从事的也是对于经典真义的阐释工作，他自己称此为"经学改良"。康有为利用今文经学的三世说的目的在于接引西方的政治价值，以促进社

会改革，廖平则不然，他始终坚持中国传统政教人伦的先进性和普世性；他也没有像熊十力那样在建构经学体系时对经典依照自己的价值标准进行比较极端的性质判定，廖平始终立足于经典本身来对经典的言说性质进行说明。他对六经的解读发前人所未发，可谓"推倒一时，开拓万古"。康有为、熊十力的经典解读是一种拣择性的，康有为独重《春秋》，熊十力重视《周易》《周官》，廖平把孔子六经在他的学术体系里都安排了位置，使中国的经典体系得到了完整体现。

廖平（1852—1932）是四川井研人，字旭陵，继改字季平，号四益，又改号四译，晚年更号为六译，学者常称他为六译老人。他出身于一个世世代代以耕农、商贩为业的贫苦家庭。他自小酷爱读书，但是记性奇差，他后来回忆自己幼年求学时的经历时就说自己念书不能记诵，读五经还没有读完，前面所读往往已经记不起来。所以在常人看来，廖平小时候并不是一个聪明的孩子。他的父亲因为家庭经济比较困难，希望他能够辍学回家经商，但是他坚持要继续读书。有一次他被父亲勒令退学后，农闲垂钓，在垂钓前，他当着父亲的面在祖宗牌位前祈祷：如果能够钓到两条鲤鱼就让他复学。后来，廖平果然钓到两条鲤鱼，他的父亲非常高兴，认为这是祖宗显灵，于是让他重新回到学堂念书，还找到老师，让老师免了廖平的背诵课程。廖平后来用"双鲤堂"来命名他的书斋，就是纪念这段往事。

在廖平的学术生涯中，张之洞、王闿运对他影响很深，是廖平学术路上的领路人。张之洞任职四川期间，把他的考试试卷从废纸篓中拣出来，并且拔为府学第一名，又调他去尊经书院学习，可以说对他有知遇之恩。后来，廖平即使在思想上已经与张之洞分道扬镳，也一直特别感念张之洞对他的拔擢和赏识。正是在尊经书院，廖平才正式开始了他的经学研究生涯。后来大学者王闿运从湖南来四川教学，影响了廖平的学术转型，使他放弃宋学和汉学，走上专研西汉今文经学的道路。

　　廖平生活在中国大变的时期，这个大变不仅仅是政治上、社会上的巨变，更是中国人精神上、思想上的巨变。那个时候，但凡是志向远大的读书人，无不投身于国家改革或者革命的各种运动中去。廖平的老师、朋友、学生有很多都是各种运动的中坚人物，但是他却一直在进行解经活动，即使到后来经学和孔子的地位已经被打倒，他依然保持着终身尊经尊孔的信念。其实我们看到，在旧派当中，他的老师张之洞位列高官，是洋务运动的代表人物；他的老师王闿运与曾国藩、左宗棠交情匪浅，但是廖平没有跟随他们走上推动中国工业转型这条路。同样，他的尊经书院同学杨锐是戊戌变法的重要参与者，同时戊戌变法的领导人康有为也与廖平有着非常密切的关系，他也没有像他们那样参加这场救亡图存的运动。辛亥革命后，他还担任过军政府的官职，新文化运动中"徒手打孔家店"的吴虞也是他的学生辈，可见他并不是人们口中的遗老，对清廷没有什么特别的情感。那么他是不是不关心国家和民族的命运呢？并不是，在他看来，国家民族最重大的危机不是表面上的各种生存危机，而是学术危机、思想危机。他殚精竭虑，探求出民族危亡的根源正是在于中国学术本身出了问题。中国之积贫积弱并非因外国的船舰攻打，是因为中国的学术本身出了问题，导致中国的政教制度出了问题。所以廖平研究经学的目的也是在于通经致用，重新找回经学原来塑造民族精神和政教制度的能力，为中国以后的发展提供经学的指导。从这一点来看，廖平与康有为、熊十力的经学思想有着一样的目标。

廖平学有六变，第一变，平分今古，"今"是指今文经学，"古"是指古文经学。以前的今古文经学之分常以文字异同为准，到廖平这里，他以礼制来区分今古文经学，认为今文经学以《王制》为宗，古文经学以《周礼》为主，这是经学史的一个创见。第二变，他尊今抑古，认为今文经学为孔子真传，以《周礼》为代表的古文经学是刘歆伪造。廖平的这一观点为康有为承袭，成为改制变法的理论前导。到第三变，廖平说："以《王制》遍说群经，于疆域止于五千里而已。《中庸》所谓'洋溢中国，施及蛮貊'，'凡有血气，莫不尊亲'；《礼运》所言'大同'之说，实为缺点。"[1]又说："使圣经囿于禹域，则袄教广布，诚所谓以一服八者矣。……苟画疆自守，以海为限，则五大洲中仅留尼山片席。彼反得据彼此是非之言以相距，而侵夺之祸不能免矣。"[2]在这里，廖平明显地意识到，"以《王制》遍说群经"（廖氏二变说）

1　李耀仙主编，《廖平选集》，成都：巴蜀书社，1998年，第549页。

2　廖平：《地球新义叙》，民国二十五年家刻本。

有一个明显的缺陷，就是没有普遍性，对于整个世界而言并没有统一的效力，这必然对经学、孔子的权威造成冲击。很明显，这里的问题是中西交通之后，中国传统知识对于整个世界的适用性受到了挑战。不管是清政府的统治危机，还是中华民国建立后的思想乱象，其背后的文化原因很大程度上源于儒家文化意识的崩坍。廖平的第三变即是由尊今伪古变为讲大统小统。"小统"疆域限于中国，制度统一于《王制》；"大统"疆域推至全球，以《周礼》制度治之。"大统"是"大同"与"大一统"的混合，有学者说："'小统'即'小康'，'大统'即'大同'。"[1]"廖平所言之'大统''小统'，即是康有为所讲的'小康''大同'。"[2]可见"大同""大统"在廖平的学术话语里是等同的。

第四变到第六变是廖平的天学建构时期。第四变是他将孔学六经分为天学与人学，人学说明六合之内的事情，天学说明六合以外的事情。第五变是因为第四变所造成的天人截然分开，所以逐渐向天人合一过度。第六变以《黄帝内经》来解说《诗经》《易经》，并归结到人体的治病方面来，志在研讨人与自然环境的关系。

在《经学大师廖平》一书中，著者总结廖平一生，将廖平视为大同理想的追梦人，从第三变开始，廖平开始展开其大同经学的理论建构，他试图建设一个以孔经为指导的天下大同世界。从第四变到第六变，他的大同疆域不断扩大，以至于到整个宇宙范

1 参见崔海亮：《廖平今古学研究》，成都：巴蜀书社，2014 年，第 195 页。

2 李长春：《经典与历史——以〈知圣篇〉为中心对廖平经学的考察》，中山大学博士论文，第 97 页。

围，他依托中国古有的天人之学，最终完成了天人合发的大同思想。

下面从两个方面来介绍一下廖平的大同学说。

（一）学术大同

在廖平生活的时代，清朝的封建统治摇摇欲坠，儒家思想受到了西方新学说的强烈冲击。皮锡瑞在《经学历史》中指出，知识分子自从西方新学传入，对于中国原有旧学起了轻视之意，甚至极端者有烧经之说。可以看出，新学的传入，已经显著地冲击了中国原来以经学为核心的学术体系。新式学堂的设立更是打破了中国历来的经史体系，比如 1876 年丁韪良为京师同文馆制定的课程表就有化学、微分积分、代数、机器等西式学科。冯桂芬则将课程分为经学、史学、古学和西学四门。影响比较大的是张之洞和张百熙两人各自为京师大学堂拟定的七科分类法。张之洞的七科分别是经学、史学、格致学、政治学、兵学、农学和工学，张百熙则仿日本订立七科，分别是政治、文学、格致、农业、工艺、商务和医术。很明显，张百熙的分类法里已经没有了旧学里的经学、史学，中国学术已经淹没在西方的学术分科里了。时势所至，人务趋新，1912 年，中华民国成立后，经学科正式在大学的分科中消失。

当然，经学的瓦解不仅仅是西学和外部时势冲击的结果，也与中国内部学术的兴替有关。首先是康有为的《新学伪经考》引起了疑经的大潮，但康有为至少是尊信今文经书与孔子的，只是疑古风起，使后世古史辨派顾颉刚诸人纷纷解剖六经，认为六经无一可信，且与孔子无关系。当然，古史辨派的兴起，与康有为的学术论敌古文大家章太炎也关系极大，章太炎抱持六经皆史的信念，认为六经是对上古三代的记录。章氏说："六经皆史之方，研之则明其行事，识其时制，通其故言。"（《国故论衡》）意思是说，六经都是历史，研究六经可以知道当时人们做过的事情，可以知道当时实行的制度，还能明白以前人们说的话。庞俊、郭诚永注《国故论衡》云："六经所载，自羲农以至于春秋，居今稽古，舍此莫由。"这就明确指明，六经上的内容，就是从伏羲神农一直到春秋发生的历史事实。在章氏的经学观念里，六经作为历史的记载尚可为今人之镜鉴。但到了新文化运动以后，新派知识人兴起，等而下之，"六经皆史"变成了"六经皆史料"，而且因为层层积累说，这个史料还是并不可信的史料。周予同说："我们现在只能说六经皆史料，而不能说六经皆史了。史与史料是不同的：史料只是一堆预备史家选择的原料，而史却是透过史家的意识而记录下来的人类社会。"胡适则提出，他理想中的国学研究就是专题史研究，他将一部中国文化史分为民族史、语言文字史、经济史、政治史、国际交通史、思想学术史、宗教史、文艺史、风俗史、制度史十大类。而经学的内容自然是填充到这十类中充当让人摆布的史料了。于是可能在新派知识人看来，六经之价值尚不如史汉之价值大。经学于是蜕变为史学，经学之义理制度自然也不为人所注意。

当时，除了经学史学化的趋势外，古学中尚有子学复兴的趋势。子学复兴自然也与西学的传入有关，当时学者们在初步接触西学的时候，发现西学的某些内容和子学很类似。王仁俊认为，西方人花费精力研究的通商之学不出《管子》的范围。黄遵宪也认为，西方所实行的法治与申不害、韩非的主张类似，西方的官制则与《周礼》中的官制设计类似，西方政治治理的方法与《管子》中记述的治法也有七八分是相似的。子学复兴潮流中最为人所注意的是墨学的复兴，王先谦校订《墨子》是一个标志。同时很多学者将墨子的政教思想、科技思想与西学相类比。丁国钧在《读墨子》中说："今天下溺于异俗之学比比然矣！……而不知彼所谓算学、重学、化学、光学者，胥已包括于是书中。"这是将西方的科学比附于《墨子》中所记载的自然科学知识。张自牧认为西洋之教与墨家本旨相同。黄遵宪也以为，耶稣之学就是墨子的爱无差等之说。张、黄二人都是把西方的宗教与墨子之教等同。

这种子学复兴愈演愈烈的趋势，自然不一定会导致经学和儒学的衰落，但是民国后经学学科的废除，乃至胡适《中国哲学史大纲》的出版，都让孔子的地位不再像以前那样高高在上。胡适的《中国哲学史大纲》将孔子与诸子并列，反映了当时在新派知识分子心中，儒学和孔子的地位与墨子、庄子等并无二致。

其实在胡适之前，从西方专门史的角度来分析中国经传已经开始了，刘师培在其《周末学术史序》中将中国的经传诸子等书分割成心理学、伦理学、社会学、宗教学、教育学、哲理学、工艺学、法律学等学科，在此，经传诸子实际已经被作为史料来供专门史研究应用了，当然这也与刘师培先生的古文立场有关系，据廖平《今古学考》，古文家就是史学派。

承接这种趋势，将六经分割到西学学科当中自然是水到渠成。如《诗》属文学，《书》《春秋》属于历史，《易》属于哲学，《礼》则被民俗学、人类学等研究。不仅经学承此命运，子学也是如此。过去的子学研究中，可能因学者视诸子为异端而不加以特别研究，但子学作为经学的补充是很多学者承认的。葛洪《抱朴子·百家》言："正经为道义之渊海，子书为增深之川流。"正是此谓。现在，道家、墨家、法家被归于哲学思想史研究，术数类的大部分因在西方科学的检视下被视为迷信而无人传承，中医也是屡有废弃之虞。这些在廖平看来是不可接受的。于是他试图对经学进行改良，重新声张经学的尊崇地位，他正是以学术大同的主张来进行这种努力的。

廖平谈学术大同，并不是所谓"罢黜百家，独尊儒术"，而是企图构建一个以孔子为尊，容涵六经诸子的新的庞大学术体系，这一系统并不排斥道家、法家等。这在他关于"大同"的解释中可见一斑，他说："大同者何？不同也。化诸不同以为同，是之谓大同。"大同的前提是承认不同。他将物之不同视为事物发展的必然，"凡天下之物，莫不有类有群，自远及近，由小推大，始于同，归结于不同"。同时，不同之中又有同的存在，他说：

以同姓昆弟与异姓甥舅相较，则一亲一疏。同姓同而异姓不同，与乡党较，则无论同姓异姓，皆属血族，则甥舅为同而邻里不同。由乡以推州县，由州县以推一省，更由一省以推之中国，由中国以推之黄种，由黄种以推之五种，其亲属之等，以数十计，然而五种皆同为人，是不同之中有大同者在焉。[1]

廖平的论证方法有鲜明的中国特色，同与不同之间这种相互依存的辩证关系，廖平给出了很形象的表达。

《论语》曰："君子和而不同，小人同而不和。"《国语》云："夫和实生物，同则不继。以它平它谓之和，故能丰长而物归之。若以同裨同，尽乃弃矣。"可见，廖平对于大同的阐释是符合经典的，反映了先哲对于"同"的理解。

正因大同同时意味着不同，所以就学术而言，六经与诸子虽然所说不同，但是却有其"大同"在。廖平将六经比喻成五谷六畜，是人人所不可或缺的食品，而诸子则像药物一样，是为补偏救弊而设，两者一常一变、一经一权，交相为用。而其大同在于都属于孔学。

在廖平的论述中，基于他的今文经学立场，他认为六经皆为孔子所作，这一论点为晚清今文学家所共享，是晚清今文学家的共识。在皮锡瑞的《经学历史》中，皮氏认为，一定要以六经为孔子所作，才可以言经学；一定要知道孔子作经是为了教化万世

---

1 《廖平全集》第 11 册《大同学说》，上海：上海古籍出版社，第 795 页。

这个宗旨，才可以言经学。康有为则说："六经皆孔子作也。《诗》《书》《礼》《乐》，孔子借先王之书而删定之，至《易》与《春秋》，则全出孔子之笔。"[1] 同时，诸子之学，廖平认为是六艺之支流，源皆本于六经。在廖平的第一变"平分今古"中，他将诸子书以今学古学相分，在他的第三变大统小统中，他又将诸子书以大统小统相分，他始终把子书看作经书的一种附庸，多有六经的传记存于其中。当然这并不是廖平的一家之言，在依据古文经刘歆《七略》所作的《汉书·艺文志》中说："今异家者各推所长，穷知究虑，以明其指，虽有蔽短，合其要归，亦六经之支与流裔。"以后的《隋书·经籍志》中也沿用了这种说法。可见诸子出于六经之说其来有自。

廖平严厉地批评了当时学人以儒自限的问题，他认为"九流各得圣人之一体"，以孟子来概括孔子尤为不当，他说："儒为孔家之一，孟子又为八儒之一，良知二字，又孟子学说百中之一。……以良知较孔学，诚如太仓之一粟。"[2]

在廖平看来，诸子也都出于孔门。他提出了一个"诸子出四科论"，认为子学出于四科，道家出于德行，儒家出于文学，纵横家出于言语，名墨法农皆沿于政事。这样，廖平的"学术大同"理论已经轮廓初现。他以经学为尊，统摄子学，认为经学、子学皆归属孔子，两者互相为用。

1　谢遐龄编选：《康有为文选》，上海：上海远东出版社，1997年，第136页。

2　《廖平选集》（上），第300页。

对于异域之学，廖平同样认为可以以六艺之学概括，对于佛教，他说："孔佛一家，互文起义之法，……今以佛归统《诗》《易》，则移步换形，不拘拘于旧法矣。"大义仍然是肯定孔佛是一家，可以用《诗》学、《易》学来统摄佛学。

其实面对旧学四部体系被西方学科取代和经学瓦解的事实，老派学者或者随顺潮流，或者消极抵御，独抱遗经，弃人离世。还有一个方式就是积极回应，积极建设，以自我的学术体系涵容新学。廖平毫无疑问是后者的代表。

廖平视六经为一整体，六经之间互联互证，不能分割而谈。廖平最终所成体系就是六经所讲的天人之学。廖平认为六经都是孔子所作，他说：

> 孔子受命制作，为生知，为素王，此经学微言传授大义。帝王见诸事实，孔子徒托空言，六艺即其典章制度。与今《六部则例》相同。素王一义为六经之根株纲领，此义一立，则群经皆有统宗，互相启发，箴芥相投。自失此义，则形体分裂，南北背驰，六经无复一家之言。[1]

廖平尤其担心六经之间出现漫无统宗、互相矛盾的情况，所以廖平说经，先立孔子素王，制作六经之义，则六经同属一人，互相贯联，都是圣人立万世法的经典。即使经典之中有抵牾，也

---

[1] 《廖平全集》第1册《知圣篇》，第324页。

必有微言在，需要后人"翻译"[1]。所以面对《周礼》《王制》中明显的制度抵牾，他在第一变中将《王制》释为今文学制度，为孔子改立新制，《穀梁》《杨氏易》《孟氏易》《齐诗》《韩诗》《欧阳氏尚书》等皆属之；《周礼》为古文学制度，是周人旧制，《孝经》《费氏易》《古文尚书》《左传》《毛诗》等皆属之。后来不安此义，又于第三变中创造性地将《王制》释为小统之学，将《周礼》释为大统之学，调和两者以化解矛盾。可见廖平始终注意将六经视作一整体。六经既然是一个整体，又涵容子学与佛学甚至西学，所以世界学术能够大同。

（二）政教大同

廖平将经学作为其学术大同理想的最终归宿，同样，他也极端崇奉经学中所提倡的政治制度和人伦价值，想把经制和伦教推广至全球，在更大的范围内实现孔子的理想。

要使经学之政教实行于全球，就要说明原来在中国一隅实行的政教制度何以能够通行于全球。在这里，中国与全球的矛盾凸显。廖平在此处通过将经书划分为"小统"和"大统"两个部分来化解这种矛盾。"小统"的经典是《春秋》，《春秋》之传是《王制》，《春秋》的疆域范围是方三千里，正是中国范围。"大统"的经典是《尚书》，《尚书》之传是《周礼》，《尚书》的疆域是方三万里，正是全球范围。大同之学首要的就是要弄清楚经学中的疆域这件事。他写作《地球新义》《皇帝疆域考》来说明《尚书》

1　翻译是廖平解经的一个重要概念。因圣人制作有微言，所以需要后人进行诠释。

《周礼》的疆域就是如今的地球范围。简单地说，就是他利用西方的地理知识与六经经传相互说明，来证明在六经当中，已经阐明了地球五大洲的存在。从小统到大统是一个渐次发展的过程，大统的方三万里所行制度，也是从小统的方三千里逐步推进而行。

在政治制度上，廖平将西方的君权、民权、君民共和三种政体同中国的三统说结合起来，他认为从小康到大统要经过三次三统循环。第一次是野蛮时代的三统，夏主忠，以君为神圣不可侵犯，注重君权，但君权过度发展会毫无节制，造成权力形式的任意性，导致苛政暴政。《论语》中称这种弊端为"野"。殷尚敬，由君权而至民权，不分贵贱，这就是西方的民权时代，但这种治法长久之后也有弊端，就是"荡而无静，胜而无耻"，所以周救之以文，君权、民权并用，即西方的君民共和时代。在此基础上，人类就进入了文明社会，开始第二次三统循环，最后到第三次三统循环，达到大同社会。

廖平认为当时中国、西方都处于小康时代，但是中国仍然比西方要进步得多。中国从周代二伯共和以后，已然进入第二次三统循环时代，而西方尚处于第一次循环的民权时代。

在人伦教化上，廖平心中的大同情景，就是孔教能一统全球，"佛法绝灭之期，即圣教洋溢海外之日，'凡有血气，莫不尊亲'，此世界中，尽用孔子之教以归大同。……六合以外，道一风同"[1]。

---

1 《廖平选集》（上），第 273 页。

而达致大同之方法，就是用《周礼》之制和孔学义理教化全球。他说："全球合一，必在数千年后。而数千年孔经，已代筹治法，如七会、四期、明堂、巡狩、七历、三正、土圭、畿服诸大政，莫不详审周密，豫创鸿规。"[1] 此是用孔门之制治全球法。他又说："小统详于政，风土不殊。大统详于教，以性情相反。盖教有由地分者。今天下教多，大统一尊，必合为一，以尊至圣。"[2] 这是以教化、文化影响来行全球一统。

　　面对西方的强势进入，传统的政教制度已经面临崩溃，收拾不住人心。而廖平在此时，全面整理中国的旧有学术，最大限度地开发了经学的各种可能性。如果说康有为是援西学入中学，仿西政革中政，仿耶教建孔教以试图重新构建一个新的儒家政教体系的话，那么廖平则是几乎纯粹以中国本有学术来重新构建他心目中完美的中国和世界的政教制度。在康有为的"大同"政教设计中，却往往可以看到西学影响的痕迹，而廖平则多引据西人天文学、地理学等工具性知识，政教制度则粹然中国。又或者说康氏是以中学融西学，他站在中西学术之上，以自我标准进行取舍而冠以孔子之名；而廖氏则站在经学的立场上，奉孔子为神圣，以中学统西学，以为孔学包含万有。廖平的经学体系是近代康有为之外又一独具特色又深邃完整的大同思想体系。

1　《廖平选集》（上），第 579—580 页。

2　廖平：《皇帝舆辐图制》，《六译馆丛书》第 41 册，存古书局，1921 年。

第八章
大同思想的现代重光

一、大道之行，天下为公：孙中山的大同思想

孙中山对大同思想一直非常重视，世界大同是孙中山一生不懈追求的目标。孙中山（1866—1925），名文，号日新，又号逸仙，常以中山为名，广东省香山县（今中山市）人。他是中国近代民主主义革命的伟大先行者，也是中华民国和中国国民党的主要缔造者。孙中山出生在一个农民家庭，他出生的时代，中国正备受外强欺凌，同时国内政治腐败、人民生活困苦，人民的起义反抗不断。

处于民族危亡的时代，孙中山从小就立有大志。1879 年，孙中山跟随母亲去往檀香山，比较早地接触了西方文化。可以说，孙中山的大同理想，一方面继承了中国优秀的传统文化，另一方面也借鉴了西方思想。

天下为公、世界大同是孙中山一生奋斗的最高理想。据统计，

在孙中山的题词墨宝中，"博爱""大同""天下为公"，以及与此有关的题词，总数有一百四十多件，占到其题词的三分之一左右。在晚年，孙中山更是两次全文抄录《礼运·大同》，由此可见孙中山对大同理想的执着追求和真诚向往。

孙中山最早提到大同，据史料记载是 1912 年 1 月 1 日孙中山就任中华民国临时大总统时，他在《临时大总统宣言》中说："临时政府成立以后，当尽文明各应尽之义务，以期享文明各应享之权利。满清时代辱国之举措与排外之心理，务一洗而去之；与我友邦益增睦谊，持和平主义，将使中国见重于国际社会，且将使世界渐趋于大同。循序以进，不为幸获，对外方针，实在于是。"这是孙中山对于大同理想的最初表达，里面所包含的是孙中山对于世界和平、人类大同的想象。但现实并不美好，其时中国备受帝国主义欺凌，国家之间谈不上平等，又如何实现世界大同呢？

所以在孙中山那里，世界大同不仅是众人之间权利的平等，更是国与国之间的平等，欲改变国际上强国欺凌弱国的现实，寄希望于帝国主义的施舍是不可能的，只有民族自强，实现民族的独立、国家的富强才是国家之间平等的前提。1905 年，孙中山在《〈民报〉发刊词》中明确提出"三民主义"，之后他始终以三民主义来概括自己的主旨思想。"三民主义"就是民族主义、民权主义和民生主义。孙中山的大同思想是三民主义希望达到的最高目标，同时他对大同思想的阐发也是在三民主义的框架内进行的。我们下面结合三民主义的具体内容来展开孙中山的大同思想。

（一）民族主义与大同

孙中山对"三民主义"之"民族主义"在不同时期有着不同的解释。在辛亥革命前，孙中山提倡民族主义是为推翻清政府服务的。1903 年，在檀香山，孙中山说："我们一定要在非满族的中国人中间发扬民族主义精神，这是我毕生的职责。这种精神一经唤起，中华民族必将使其四亿人民的力量奋起并永远推翻满清王朝。"[1]可见，在成功推翻清政府前，孙中山提倡民族主义，是在满汉民族对立的意识下进行民族主义阐发的，在这里，民族主义主要是为了激发汉人的民族意识，以汉族为主体建立民族国家。

辛亥革命后，封建帝制被推翻，中华民国建立。此时，孙中山对民族主义的内涵做了新的阐释，这种阐释是把民族主义作为世界大同的一个进阶。孙中山认为，要实现世界大同，国与国之间相互平等，必要的前提就是国家必须先独立自强。他说，要讲世界主义，一定要先讲民族主义，只有把以前失去的民族主义重新恢复起来，再发扬光大，然后再去说世界主义，世界主义才是可期的。也就是说只有诸民族之间有了自由、平等的地位，世界主义方有可能实现，大同社会才有可能实现。这是孙中山对实现大同基本步骤的设计，先有民族的独立富强，诸国平等之后，世界大同才有可能实现，所以孙中山的民族主义在新的历史条件下成为实现大同的必要条件。他在《中国革命史》中说："对世界诸民族，务保持吾民族之独立地位，发扬吾固有之文化，且吸收世

---

1 《孙中山全集》第一卷，北京：中华书局，1982 年，第 227 页。

界之文化而广大之，以期与诸民族并驱于世界，以驯至于大同。"[1]
这不仅表达了孙中山追求民族独立，以期至于大同的设想，也表
达了他对民族文化的信心。

可见，孙中山世界主义情怀的前提仍然是以民族主义为底色，
在恶劣的国际环境当中，他始终坚持把民族主义放在第一位，这
种民族主义褪去了早期的汉族主义色彩，而更多体现了国族主义
的立场，所以民国后，他多强调"五族共和""中华民族"。他认
为中华民族是世界上最古老的民族，也是世界上最大的民族，同
样也是世界上最文明、具有最大同化能力的民族，应该积极发扬
中华民族的精神，如此，中国不难超过美欧。所以也有学者说孙
中山大同理想的终极关怀主要还是在中国这个国家，而不是亚洲
和世界。[2]

我们可以结合当时的现实情况来理解孙中山的大同理想为何
有浓重的民族主义色彩。当时，中国面临的是列强瓜分的局面，
中国的国力弱小，整个世界奉行的仍然是弱肉强食的丛林法则，
这个时代所应做的就是先实现国家自立、民族自强。同样我们看
到，康有为虽然提倡世界主义，但在中华民国建立后，他活动的
重点仍然是塑造新的中国价值和制度，实现中国的富强，这与孙
中山并无二致。孙中山到临终依然强调民族主义的重要性，他在
1924 年的《三民主义》讲演录里说，"民族主义是国家发达和种

1　《孙中山全集》第七卷，第 60 页。

2　参见陈俊民：《孙中山大同理想的终极关怀》（论纲），《浙江大学学报》1992 年第 1 期。

族图生存的宝贝，如果民族主义不能存在，到了世界主义发达之后，我们就不能生存，就要被淘汰"。所以孙中山认为，讲世界主义、讲大同是要以民族主义为前提的。他多次提到世界主义与民族主义的关系，他说世界主义是从民族主义生发出来的。我们要发达世界主义，先要巩固民族主义才行。如果民族主义不能巩固，世界主义也就不能发达。总之"世界主义是藏在民族主义之内，民族主义是世界主义的基础"。

这种对于民族主义的重视也让孙中山特别重视民族文化，特别重视对于儒学的继承，他说："要用固有的道德和平做基础，去统一世界，成一个大同之治。"[1]这个道德和平就是中华民族两千多年以来形成的传统美德和价值追求。

（二）民权主义与大同

对《礼运·大同》的"大道之行，天下为公"，孙中山用"三民主义"中的"民权主义"加以解释，他说："两千多年前的孔子、孟子便主张民权。孔子说'大道之行也，天下为公'，便是主张民权的大同世界。"[2]可见，在孙中山的大同世界里，人人自由平等，享有同等权利。所谓"天下为公"，就是说在大同社会里，天下是天下人的天下，没有私利的存在。在过去，权力仅仅集中于皇帝一人或者少数的统治者手中，但在大同的社会里，主权属于人民全体，国家的官员都是人民的公仆。

在孙中山看来，西方的政治制度并不完善，西方实行的代议

---

1 《孙中山全集》第九卷，第253页。

2 《孙中山全集》第九卷，第394页。

制是间接的民权，人民选举官员和议员之后，很难再有继续参政的机会，他认为应该让人民直接去管理自己的政府，应该赋予人民选举权、罢免权、创制权和复决权。选举和罢免权用来治人，把官员选举出来，同时又可以罢免；创制权和复决权用来法治，制定法律制度，同时也防止或修改不利于人民利益的法律。有了这四权，即可以合人民之力共建大同。

孙中山特别重视对人民权利的保护，他认为中国的尧舜政治名义上是君权，实际上是在行民权。民权于中国不仅有历史事实的存在，更有理论的说明。孟子说"民为贵，社稷次之，君为轻"，《尚书》中载"天视自我民视，天听自我民听"，都是中国古代提倡民权的证据。

（三）民生主义与大同

孙中山在后期关于"民生主义"与大同之间关系的言论尤多，1924 年他在《三民主义·民生主义》的演讲中开宗明义说："民生主义就是社会主义，又名共产主义，即是大同主义。"[1]他将民生主义、社会主义、大同主义之间画了等号，在这里，孙中山更加想强调的是经济层面的内容，所着力解决的问题是贫富不均的问题。"民生主义，即贫富均等，不能以富者压制贫者是也。"[2]孙中山解决此问题的办法就是社会主义的方法。

当时，西方资本主义的经济造成的贫富差距十分严重，孙中

---

1 《孙中山全集》第九卷，第 355 页。
2 《孙中山全集》第六卷，第 56 页。

山长期旅居国外，对这一问题感受深刻。当时社会主义思潮盛行，十月革命也已发生，他十分欣赏当时初建的苏俄政权，他说："俄国人在年幼的时候，有机会可以读书；在壮年的时候，有田可耕；到年纪老了的时候，国家便有养老费，像俄国的人民，无忧无虑……像这样的好国家，就是我要造成的新世界。"[1]可见，孙中山关于大同世界的理想中，奉行的是生产资料公有制和国家有计划调节的经济，人民经济生活都得到普遍安排，没有贫富不均的情况。也就是说，在孙中山看来，要实现世界大同，须先实行社会主义。他说："社会主义国家，一真自由、平等、博爱之境域也。……自此演进，不难致大同之世。"[2]

至于具体方法，孙中山特别重视土地的问题，他认为要解决国民在经济上的真正平等，土地问题是其中的关键。出身农家的孙中山十分了解土地对于农民的重要性。在历史上，实现土地公有基础上的田地均分是历代优秀政治家和儒家学者的理想。六经理想中的井田制，无论其在历史上是否真实存在过，它都是历代政治家、学者评价和改革田制的参考标准，而井田制就是在土地公有的基础上，实现土地的均平分配。孙中山预见到，伴随着中国工商业的发展，工商业比较发达的地区，地价肯定比落后地区要高，甚至高至数百倍不止，如此情况下，必有许多人从事土地买卖投机的生意，但如此土地投机受惠者少，必造成贫富差距的拉大，贫者愈贫，富

1　《孙中山全集》第九卷，第504页。

2　《孙中山全集》第二卷，第524页。

者愈富，社会问题肯定层出不穷。所以孙中山得出明确的结论："酿成经济组织之不平均者，莫大于土地权之为少数人所操纵。"所以只有实现土地的公有，均富的目的才可能达到。

孙中山的土地想法比较早就提出了，他在《中国同盟会总章》中明确以"平均地权"为同盟会的宗旨之一。在1908年的《中国同盟会革命方略》中，他进一步阐明了具体实施办法："文明之福祉，国民平等以享之。当改良社会经济组织，核定天下地价。其现有之地价，仍属原主所有；其革命后社会改良进步之增价，则归于国家，为国民所共享。肇造社会的国家，俾家给人足，四海之内无一夫不获其所。敢有垄断以制国民之生命者，与众弃之！"[1]在这里，孙中山希望把经济发展引起的地价的增值部分通过国家的调控，使其成为人民的财富，可以发展公共事业，由人民共享。孙中山还希望最终实现土地的国有，他说，私人所有的土地，可以由地主估价报给政府，国家依照地价征税，并在必要的时候按照报价收买此土地。可见，孙中山是希望通过和平方式，在没有损害地主根本利益的前提下，实现财富的再分配，达到社会财富分配相对均平的目的。

孙中山还主张"节制资本"，认为资本也是贫富差距的主要原因。孙中山有长期旅居国外的经历，对外国的资本主义发展的情况比较了解，工业革命以后，机器生产大行其道，一方面资本家的财富不断累积，另一方面工人则受到非人的待遇。孙中山认为，

1　《孙中山全集》第一卷，第297页。

正是私人资本的垄断造成了这种情状，所以要"用一种思患预防的方法来阻止私人的大资本，防备将来社会贫富不均的大毛病"[1]。孙中山提出的方法就是节制私人资本，壮大国家资本。他几次提到要将攸关国计民生的重要产业收回国有。1912 年，他在上海演讲说："凡属于生利之土地、铁路，收归国有，不为一二资本家所垄断渔利。"在《中国国民党宣言》中，他又说："铁路、矿山、森林、水利以及其他大规模之工商业，应属于国民者，由国家设立机关经营管理之，并得由工人参与一部分之管理权。"他认为在壮大国有资本的同时，也要注意限制私人资本的过度膨胀，当然节制并非直接消灭，对于中小私人资本，国家还是要采取措施加以扶植和保护。

（四）道德和平——大同的精神价值基础

大同社会的理想立基于儒家一贯的道德理想，孙中山认为如果能扩充自由、平等、博爱的精神，使之扩充至全世界的人类，那么大同盛世不难达到。此博爱的精神在孙中山看来源于儒家仁的精神。

孔子说"仁者爱人"，韩愈说"博爱之谓仁"，墨家也提倡"兼爱，非攻"，虽然自由、平等、博爱的观念自西方传来，孙中山本人也深受西方思想和基督教教义的影响，但是随着孙中山对中国国情的认知愈加清楚，他对中国传统道德精神的推崇也愈加浓厚。他说，中国固有的道德，第一是忠孝，第二是仁爱，第三

---

1 《孙中山全集》第九卷，第 392 页。

是信义，第四是和平，发扬中国固有的道德和平精神，以此固有的道德和平做基础，去统一世界，就可以建立一个大同社会。

孙中山将其思想纳入儒家谱系当中是他有意识的行为，戴季陶在《孙文主义之哲学的基础》中记述："去年有一个俄国革命家去广东问先生（孙中山）：'你的革命思想基础是什么？'先生答复他说：'中国有一个正统的道德思想，自尧、舜、禹、汤、文、武、周公、孔子而绝，我的思想，就是继承这一个正统思想来发扬光大的。'"可见，孙中山提出国家政教理想时，明显自诩接续儒家正统，其文化意识是民族主义式的，其理想则是普遍主义的。

二、个性解放与大同组织：李大钊的大同思想

在中共的早期领导人中，李大钊是对社会主义理论和中国传统文化都比较了解的知识分子，他以大同来阐释共产主义，实现了共产主义论的中国化，丰富了马克思主义理论，是对中国传统大同思想的一种理论改造。有人认为，李大钊把传统大同思想建立在唯物史观的科学基础之上，是近代将大同思想从空想变成科学的第一人，其原因当然是他对如何到达大同给出了科学社会主义的解读，运用唯物史观指出了大同实现的具体路径。李大钊的大同社会，是民主主义的、联邦主义的，是大同团结与个性解放有机结合的理想社会。

李大钊（1889—1927），字守常，1889年出生于河北省乐亭

县，他是中国共产党的主要创始人之一。1913 到 1916 年，他东渡日本，在东京早稻田大学学习政治学，在留日期间，他阅读了大量介绍社会主义的文章，对马克思主义有了初步的了解。五四运动以后，他开始接受马克思主义的科学社会主义学说，并在《新青年》《每周评论》等杂志上陆续发表《法俄革命之比较观》《庶民的胜利》《布尔什维主义的胜利》《我的马克思主义观》等文章，宣传俄国的十月革命和马克思列宁主义，成为中国最早接受、宣传、信奉马克思主义的先行者。后来他又参与创建中国共产党，成为党在中国北方的负责人。同时他也力主国共合作，1927 年，他被奉系军阀张作霖逮捕，遭残酷杀害。

一战爆发后，欧洲思想家已经对欧洲的理性主义产生了怀疑，斯宾格勒《西方的没落》是对欧洲文明衰落担忧情绪的典型流露，这种思想无疑也会影响中国知识分子对中国道路探索的判断。特别是一战后，中国作为战胜国，知识分子本来满怀希望，期望能够借此机会废除针对中国的某些不平等条约，特别是希望能够收回当时被德国占据的青岛，但是《凡尔赛条约》中，帝国主义国家又将德国在青岛的权益交给日本，列强对中国权益的漠视让中国知识分子对美好欧洲的想象破灭了。原来热情接受欧洲思想的梁启超在游历欧洲归来后写了《欧游心影录》，提出重新重视东方文化的问题，反映出此时知识分子对西方资本主义道路信心的破灭。他们开始寻找新的救国救民的真理。李大钊就是在这时鉴于俄国十月革命的胜利和欧洲无产阶级革命的兴起，接受了马克思主义，找到了他认为科学地、理性地实现大同理想的道路和理论资源。

李大钊的大同思想的形成是循序渐进的，因为一战后在法国凡尔赛宫战胜国开会期间，美国总统威尔逊曾经提出建立国际联盟的建议，这让李大钊对世界联合的未来有很乐观的态度。他设想世界联邦进行的程序，首先是各地民族众多的国家，自己先改成联邦形式；然后美洲各国组成全美联邦，欧洲各国组成全欧联邦，亚洲各国组成全亚联邦；然后合美、欧、亚三洲组成世界联邦，最后把全世界人类组织成全人类的联合，将种界、国界全部打破，这就是世界大同的最终实现。

在李大钊设想的这个大同组织中，人与人之间的互助关系和个人个性的解放是相统一的。个人个性的解放是大同社会理想人格的必然实现途径，"各个性都得自由，都是平等，都相爱助，就是大同的景运"，大同的社会就是自由、独立、平等的人的大联合。李大钊的理想人格就是由个性解放而达到人人独立、自由、平等的人格。从这里可以看出，李大钊受西方启蒙思想的影响很大，所以他特别反对专制制度，专制政治压制了人们的自由思想，造成人们畏缩不前、麻木不仁的人格特征。欲求个性自由，必先推翻专制制度，实现民主，民主与君主相对立，自由与专制相对立，在此将君主与民主极端对立意识的指导下，他对封建制度和孔子学说进行了批判。

李大钊将过去的社会组织称为纵的组织，纵的组织是集权压迫的组织，在政治上，君治臣，官治民，中央统治地方；在经济上，资本剥夺工人，地主剥削农民，富人压榨穷人；在社会上，重男性，轻女性，重豪强，轻平民；家族中，父兄统治子弟，丈夫领导妻子。这些都是不平等的情况，都限制了个人的独立自由人格的养成，在这样的社会制度下，人人精神萎靡，丧失自我。所以他号召大家冲破网罗，卓然自立，推翻一切专制制度和纲常名教等观念的束缚。在某种意义上，李大钊认为大同理想的实现，是以普遍的自由人格为前提的，所以李大钊和很多五四先贤一样，都非常重视民众的文化启蒙合作，企图将民众启蒙至一定程度，完成启蒙思想家的立人理想。

李大钊说："世界进化的轨道，都是沿着一条线走，这条线就是达到世界大同的通衢，就是人类共同精神连贯的脉络。民主主义、联治主义都是这一条线上的记号。"[1]民主政治和联治主义都体现了解放的精神，此精神正是为了使一切个体脱离旧束缚，重建一个普通广大的新组织。这个组织一方面是个性解放，一方面是大同团结。既有个性解放的运动，也同时伴随着一个大同团结的运动。在李大钊看来，个性解放与大同团结是相反相成的，个性解放的目的也是能够改变原来在相互压迫基础上的虚假团结，从而形成一种自由前提下的团结的新型社会关系。

要达成这样一种新型社会关系，除了个人的独立自由，还需要人们之间的相互爱助。李大钊受到克鲁泡特金互助论的影响，他反对过去纵的组织，提出要建设横的组织，横的组织是以爱为

---

1 李大钊：《李大钊文集》下，北京：人民出版社，1984 年，第 597 页。

联系的组织。在横的组织中，大家都是平等的，没有压迫的情况，从而形成了一种有序而自由的新形态。

当然，要建设这样一个理想秩序，单纯进行一种爱的教育是远远不足的，结合各个国家不同的政治经济发展情况，积极开展阶级斗争，建立无产阶级领导的社会主义国家，以建成有利于个人个性自由发展的政治经济制度。这是由马克思主义道路来达致大同社会的必然选择。

李大钊的大同思想是马克思主义社会理想的中国化论述，是马克思主义中国化的初步探索。这种探索可以说发展了康有为、孙中山以来的大同思想，进一步让大同思想脱离了原来的儒家传统范畴，将儒家的天下主义精神带入了马克思主义的理论视野中。有学者基于马克思主义的立场，认为李大钊依据唯物史观的基本理论对大同思想做出的阐释，让大同思想从空想变成了科学，有了质的飞跃。

铁肩担道义
妙手著文章

李大钊书法作品

三、群龙无首：熊十力的大同思想

现代的新儒学是五四以来立足于儒家本身的心性之学，是以接续儒家道统为己任，并有意识地接纳西学，希望在新的历史条件下，返本开新，实现儒学复兴的一种文化思潮。熊十力就是现代新儒学的重要代表。

熊十力（1885—1968），原名继智、升恒、定中，字子真，号逸翁，晚年号漆园老人，湖北省黄冈人。他是现代新儒家的核心人物，与梁漱溟、马一浮并称"现代新儒家三圣"，同时，第二代新儒家中坚牟宗三、唐君毅、徐复观都是他的学生。在三十五岁之前，熊十力一直在参与革命运动，包括辛亥革命、护国运动等，他希望通过革命来实现中国的独立富强。但是，后来辛亥革命后的中华民国并没有如熊十力所愿走向自由富强的坦途，相反，情况更加混乱，军阀割据，相互混战。熊十力反思这种情况，认识到党人如果不从身心上做工夫，如果没有一种坚定心性，那么立国的理想很难达到，同时他也知道自己并不是事功之才，于是决意踏上学术一途，希冀能够为国家的振兴贡献一份力量。

1920 年，三十五岁的熊十力经由梁漱溟推荐前往南京内学院，跟随当时著名的佛学大师欧阳竟无学习佛学，开始集中心力钻研学术。后来他又不满佛教形而上学对宇宙和人生的否定，归宗大《易》，以易学刚健有为的宇宙人生论来改造佛教的唯识学，写成《新唯识论》，这本书是他成为新儒家的标志性著作。以后他又相继写成《读经示要》《十力语要》《十力语要初续》等著作。新中国成立后，他接连写成《韩非子评论》《论六经》《原儒》《体用论》《乾坤衍》《存斋随笔》等书，继续构建他的新儒学体系。
1968 年，熊十力满怀对中国文化的深深忧虑在上海去世。

作为一个儒家学者，熊十力对大同的阐扬始终是在儒家经典
的重新释读中进行的，这一点与康有为是相同的。他希望能够通
过对六经的重新阐释，发现孔子的真义，指导国家的发展方向，
重建立国之道，求得立国立人的精神。他建构自己哲学所依据的
主要经典就是《易》《春秋》《周官》三部大经以及提出大同理想
的《礼记·礼运》一篇，由这些经典，他搭建起了自己的形而上
学体系和政治哲学，也就是儒家所追求的内圣外王事业。熊十力
理论指向的实践结果就是希望实现国家的富强文明和国际社会的
和平稳定，最后达到世界大同。

（一）六经与孔子

熊十力是辛亥老兵，在他的心目中，科学、民主的价值是毋
庸置疑的。既然这些价值在熊十力那里是有绝对正确性的，而他
服膺儒家，要依托六经进行他的理论创设，以弘扬孔子之学，要
如何处理民主与科学——在五四学者看来，这毫无疑问是西方传
进中国的先进思想——与儒家思想的关系呢？而且五四运动后，
甚至在五四运动以前，儒家就普遍被认为提倡礼教，维护等级尊
卑、三纲五常，不关心自然事物，没有科学精神等等，与新时代
的风潮格格不入。

如何解决这个难题？熊十力利用他自己独有的思想方法——

检视六经，认为孔子晚年对六经进行了系统的整理和阐释，赋予其新的思想内涵，都提倡革命、民主，之所以我们现在看到的六经文本多有维护礼教的言论，乃汉代诸儒篡改六经的缘故。

熊十力认为孔子思想分为两个阶段，第一阶段是孔子五十岁之前，这时他还没有学习《易经》，尚未知晓天命。这个时候，孔子遵奉古代的礼教，就是"祖述尧舜，宪章文武"的时期，这个阶段，孔子希望能够得到当时统治者的支持推行王道，所以他支持宗法礼教，主张尊卑分明。这期间跟随他的弟子后来成为一派，熊十力以"大同、小康"来划分，称这一派为小康学派。第二阶段是孔子五十学《易》之后，熊十力说孔子思想有了变化，这个变化在孔子四十岁左右开始有了苗头，到了五十岁学《易》之后，臻于大成，这个思想就是革命、民主的思想。举《论语》为例，有一个公山不狃，是鲁国季氏的家臣，他占据费邑这个地方，企图背叛季氏，于是他希望孔子前来协助，孔子曾经有想法去那里协助。同样，晋国佛肸叛变，孔子也曾想前往帮助背叛者。在熊十力看来，这是孔子放弃他早年借君行道理想的证据。后来，孔子返回鲁国，借鉴古代文献作新经来指导后世，孔子晚年所作的六经所提倡的就是"大道之行，天下为公"的大同思想。熊十力将归宗孔子晚年六经之学的弟子统称为大道学派，也就是大同学派。

将儒学分疏为大同儒学与小康儒学，熊十力不仅像以前的今文学派那样，经过疑经辨经，分疏出孔子所作的真经，更重要的是找到了儒学与现代价值——如科学和民主的契合之处，从而让儒学有了新的发展空间。

　　分疏孔子真经是熊十力经学的基础和前导工作。六经中遍布谴责乱臣贼子、维护君臣恩义、提倡等级礼教的词句，在主张平等、自由的熊十力看来，这些词句会被视为封建专制思想，这是经学遭受抨击甚至会被遗弃的原因。事实上，在熊十力大同思想初步形成的二十世纪四十年代，经学作为一个学科已经在成建制的大学中消失了，即使熊十力的高徒唐君毅、牟宗三等也不是经学的专门研究者，而经学又是儒学义理、制度的核心来源，发扬儒家的思想不能不对经书中的思想做一判断。面对经书的"封建"遗产，熊十力运用他的慧眼，将之直接判断为孔子的早年思想，或者是汉代的"奴儒"篡改。这虽然不无武断之嫌，却有效地将经学中的专制、礼教因子剔除，更大地发挥了经学中革命、平等、和平及天下为公的思想，改变了西化知识分子所刻画的陈腐的儒学形象。这样，熊十力就可以利用他所认为的孔子真经来建构大同理想国。这个大同理想国是圣人孔子首先提出的，也反映了现代人类的追求，他一方面是传统儒学的继承，同时也与现代的思想方向相合。

　　（二）大同的内圣基础

　　熊十力的大同思想是一个完善的思想体系，这个体系依托六经而建立，不同的经典有不同的作用。在熊十力看来，六经中尤为重要的是《周易》《春秋》《周官》和《礼记·礼运》。《礼运》首提大同、小康之辨，这个十分明显，而《易经》为大同理想提供的是深邃坚固的形而上学基础，同时其他五经都源出《周易》，熊十力的哲学思想就是从《周易》中生发出来的。《春秋》是孔子晚年改制立法的作品，这部书首先提出了三世说，即据乱世、升平世、太平世，也就是如何走向太平世、实现大同的步骤。而《周官》则是《春秋》理想的具体实施方案，是升平世向太平世过渡的制度设计，用熊十力的话说就是"春秋拨乱之制""升平世之治道"，通过实施《周官》制度，为实现大同建立政治、经济制度基础。我们可以看到，熊十力的大同思想体系，《礼运》就像一本书的导言，是熊十力思想的一个引子；《周易》是大同思想体系的一个基础，为大同社会的现实性提供了天道依据和人性基础，可说是大同社会的内圣层面；《春秋》《周官》可以说是大同体系的外王层面，《春秋》奠定了大同政治哲学的价值基础，提出了大同理想的追求目标——太平世，《周官》则提出了具体的政治社会层面的措施，是《春秋》理想的具体化，让大同理想得到了更加丰满的展现，从而使大同理想不再是镜中之花，不再是只存在于思想家脑子里的空想。可以说熊十力的这个体系巨细靡遗，宏大深邃，显示了熊十力作为思想家的深刻性。

熊十力以《易》来构建大同理想的形而上学。他认为康氏之所以失败，在于其思想缺乏根底，"没有看到《礼运》中的大同理想……有其深隐的形而上学依据"[1]。这个形而上学依据就是宋明理学所讲的天道性理，更多对应于儒家理想的"内圣"诉求，目的

---

1 刘小枫：《共和与经纶》，北京：生活·读书·新知三联书店，2012年，第58页。

是为人类道德的提升和儒家的理想政制提供本体论和人性论依据。其实我们看到，"内圣外王"两者本身就是相互联系的两个层面，如果将"内圣"视为"外王"的形上依据，"外王"的实现须以"内圣"作为前提和基础，同时也要以"内圣"——即人人有士君子之行——为最终目标；那么也要看到，"外王"——即王道、王制的实现——也有利于"内圣"目的的实现。仅仅是教育手段或个人单独做工夫是远远不够的，"内圣"在人类的普遍实现或较大范围的实现必然以优良政治社会秩序——王制的实现——为前提。相对来说，现代新儒家群体比较重视的是前者，即由内圣开出外王，对后者则相对轻视。熊十力在新儒家群体中对儒学新的历史条件下的"新外王体系"建构是比较突出的，《读经示要》《原儒》《论六经》都可看成是熊十力在这方面的努力。

如果将熊十力的本体论与人性论用一个字来概括的话，毫无疑问这个字就是"仁"。在本体论层面，熊十力多次提到"仁以为体""以仁为体"，"仁"就是人的本心，本心有生生、刚健、照明、通畅等特征，这些特征就是仁德，是人与天地万物共同享有的本体特征。天地万物生生不息，就是仁心作为宇宙整体生命力的体现，也是在这个意义上，所谓天地万物与我为一才成为可能，仁心不仅体现于人的身上，也遍布于天地万物。

在熊十力后期的思想中，也有否定"以仁为体"的说法，他在《明心篇》中说："明儒以仁为体，甚失孔子之旨，仁是用，究不即是体，谓于用而识体可也，谓仁即是本体则未可。"这种说法与他后期的哲学转向有关，在前期，他的《新唯识论》将仁心说作为本体，摄用归体。在后期，他更重视大用流行，摄体归用，显示出前后期对体用关系的重要转变，在后期更加重视用的阐述。所谓"体"，就是宇宙本体的一种简易讲法，所谓"用"就是本体变成功用。两者圆融不二，佛老就是沉迷于虚寂的本体而不知道即体即用、体用一源的道理。体用不二、摄体归用的道理就是说体用都是实有，实体不在功用之外，实体就是大用本身，实体自身完全变为大用，此才是体用之间的关系。他将实体比喻为大海水，将功用比喻为众沤，沤就是海水流动时产生的水泡、浮沫，大海水本身就是众沤，众沤湿润和流动的性质本身也是大海水的性质，不能离开众沤来谈论大海水。这体现出了熊十力对于功用的重视，不能就本体而求本体，须就功用而求本体[1]。体用不二论是儒学内圣外王理想的一个哲学体现，从哲学的角度阐明了内圣外王的有机统一。

仁爱作为人的天理之性，是儒学设计政制的一个重要出发点，孟子就是要说服诸侯本仁心而行仁政。熊十力认为，圣人讲治理之道，必然以仁为最终依据，即"仁是治之体"的意思。本仁心来建立治体，以天地万物一体的心量，可以"节物竞之私，浚互助之宇，塞利害之门，建中和之极"，如果这样，"行之一群而群固，行之一国而国治，行之天下而天下大同"。

本仁而行，天下大同，则人人有仁心，人人有仁行，仁行就

1　参见陈来：《仁学本体论》，北京：生活·读书·新知三联书店，第 2014 年。

是士君子之行。如何使人人有士君子之行？熊十力希冀以大《易》的形上学、人生观来对人民进行启蒙，就是以儒家的内圣之学来启发民众，他说："佛氏以大雄力趣向度脱而反人生，老氏柔退，其下流至于萎靡"，不能作为趋向太平政制的指导哲学，只有大《易》，生生不息，其德至健，倡导刚健有为，无空寂虚无之病。刘小枫认为熊十力所理解的自由民主、大同社会，对于民众而言，就是"消除人性差异，让小民也能成为哲人，达致心性平等的自由"[1]。熊十力说："《礼运》根本在大《易》、《春秋》，仁以为元，健以为本，诚以为干，礼以为质，庶几天下为公之治乎？"[2]人人皆为仁义，奋力为行，大同社会就可以达到了。

（三）大同的达致之路

熊十力对大同的系统论述始于 1945 年 12 月由商务印书馆出版的《读经示要》，当时中国人民经历了艰苦卓绝的抗日战争，取得了伟大的胜利，这是从鸦片战争以来中国第一次取得全民族抗战的胜利，增强了中华民族的向心力。

《读经示要》的第一部分开宗明义指出，经为常道不可不读，也就是说六经所揭示的是国家、人类须臾不可离的"大道"，人类的历史自始至终未曾脱离经学所蕴含的常道。熊十力通过诠释六经，明确地提出了自己的大同理想。熊十力以"群经治道九义"来概括其大同理想的内涵，所谓"治道九义"：一、仁以为体；

---

1 刘小枫：《共和与经纶》，第 85 页。

2 熊十力：《论六经》，北京：中国人民大学出版社，2006 年，第 26 页。

二、格物为用；三、诚恕均平为经；四、随时更化为权；五、利用厚生，本之正德；六、道政齐刑，归于礼让；七、始乎以人治人；八、极于万物各得其所；九、终之以群龙无首。可以说这九项就是熊十力政治哲学、外王体系的价值表达和理想诉求。在这些价值表达中，已经包括了对于西方平等、科学等价值的融会，比如"格物为用"是熊十力利用西方科技文明的主张。当然在熊十力看来，科学在中国也是历史悠久的，中国以《九章算术》为代表的数学，以墨翟、鲁班为代表的制造学，以《内经》、张仲景为代表的医学，都是中国传统科学辉煌的证明。"群龙无首"则是人人自由平等理想的易学表达，"群龙无首"四字是《易经》乾卦用九的爻辞，乾卦六爻都是阳爻，所以熊十力说春秋太平之世，人人都有士君子之行，这就是众阳，就是群龙。群龙无首，没有头领，正是没有操弄权柄、地位在众人之上的领袖的象征，所以这时人人自由，人人平等，这也是熊十力大同最终理想的实现。从整体看，熊十力的治道九义反映了儒家政治的如下价值：仁爱、均平、和谐、重视民生、以德为本、礼乐、革新精神和天下大同、万物并行发展的理想，它不但表达了中国传统文化的核心价值，也指出了价值实现的具体手段。

关于大同社会的具体情状，熊十力也进行过描述。在大同社会，人人都是士君子，他说："夫万行本乎仁，立乎强，归乎中和。士君子之行，如是而已。天下之人人皆如是，则大同之基已固，而太平之运日新。"[1]这是熊十力大同社会的主要特征，也是熊

---

1 《熊十力全集·读经示要》，武汉：湖北教育出版社，2001年，第1055页。

十力经学尤重内圣之学的体现。他批评现代谈社会治理的人，只知注意经济条件与社会结构之改造，而对于宇宙人生本原一点也不追究，看待人类就像看待只知道吃饭睡觉的鸟兽一样，一点也不知道人类的内在灵性。当然熊十力并非不注重社会改造的"外王之学"，他以为，大同之时，国家已无，国界观念已破除，那时的政治实体是无数自治区，此自治区内，没有阶级划分，也没有战争之虞。区内政治机构为文化委员会，性质是文化团体，"执事者"由群众选举产生。又有慈幼院、养老院等社会机构以供养幼儿、老人、鳏寡孤独，有各级学校以推行教育。在经济上，"废私有制，产业、财货、用度，一切公共"，奉行生产资料公有制。这是熊十力对于大同社会的一个宏观描述，可以看作是对《礼运·大同》篇的一个扩展描述。

熊十力大同体系的详密建构，还建立在他对《春秋》《周官》两部大经的阐述中。熊十力对《春秋》的阐释，反映了他对儒家外王体系价值诉求的构建。这种构建，在《读经示要》《原儒》等书中有明确体现。熊十力的《春秋》学继承了近代今文经学的既有研究成果，特别是康有为的《春秋》学对熊十力的影响十分深刻。

在《春秋》与孔子的关系上，熊十力同近代今文学家的观点一致，认为孔子作《春秋》。首先，熊十力认为孔子作《春秋》有很多文献史料证据，孟子第一个说："世衰道微，邪说暴行有作，臣弑其君者有之，子弑其父者有之，孔子惧，作《春秋》。"（《孟子·离娄》）汉代董仲舒也持孔子作《春秋》之说，《穀梁传》中也有"孔子因鲁史而修《春秋》"的记载。孔子作《春秋》是两汉时代诸经师的共识，直到魏晋时期的杜预，才开始有《春秋》非孔子所作的说法，熊十力驳斥了杜预的说法，认为杜预这种做法无异于等《春秋》于史书，无形中消解了《春秋》作为万世常道的经学地位，更加谈不上探究《春秋》的微言大义了。

熊十力在《春秋》三传中，最为重视的是包含很多"非常异义"的《公羊传》，尽管他对《公羊传》也有很多批评，比如伪儒窜乱、崇尚礼教等，但总体来说，他对《春秋》思想的发挥，是依托于《公羊传》义理的。在重视《公羊传》的程度上，他与康有为一派是相同的。由此他特别重视《春秋》学中"微言"与"大义"的区分，微言、大义可说是熊十力儒学的两分标志，微言相当于大同儒学，而大义相当于小康儒学，微言大义与大同小康在熊十力的儒学论述中其内涵是可以等同的。他说的"大义"，就是《春秋》以礼义断事，"大义"的核心即礼义，礼义的实质就是君臣父子之序。所谓"微言"，就是孔子制万世法，提倡革命平等之说，倡导天下为公的大同思想。不过因为熊十力的思想颇有反复，在后期熊十力的作品中，熊十力又否认孔子曾经提倡尊君大义，而只说孔子的革命大同思想、尊君思想只是后代儒家迫于政治高压，强加给孔子的东西，这种做法使得熊十力的孔子观更加一致鲜明，与汉宋儒家心目中的孔子形象截然不同。孔子提倡自由、平等，这是熊十力刻画其大同理想时所始终坚持的观点。

熊十力《春秋》学思想的核心就是《公羊传》三世说，熊十力的《春秋》论述基本上都是围绕三世说展开的。熊十力说："何休注《公羊传》，略存三世义，圣人为万世制太平之意犹可窥也。"就是说孔子的真义，在整部《春秋》中，三世说是表现得最明显的。在《春秋》中，以鲁史纪年，从鲁隐公开始，到哀公十四年截止，鲁国一共十二个国君，前后共计二百四十二年的历史。这十二个国君分成三部分，称为三世，即所见世、所闻世、所传闻世，三世以国君世代来分别。这十二个国君分别是隐公、桓公、庄公、闵公、僖公、文公、宣公、成公、襄公、昭公、定公和哀公，其中昭公、定公和哀公是所见世，孔子或孔子父亲曾所亲历的时代；文公、宣公、成公、襄公是所闻世，离孔子生活的时代较远；隐公、桓公、庄公是所传闻世，记载的是孔子高祖、曾祖时候的事情，距离孔子生活的时代最远。衰乱之世内其国而外诸夏，升平世内诸夏而外夷狄，太平世天下远近小大若一。熊十力以此三世说来说明历史的演化，表达了其对大同太平世的向往。

三世的演化是仁道不断在世界范围内扩展的历史，从据乱世到升平世，中国礼义文化影响不断扩大，据乱之世尚处于外诸夏的阶段，升平之世诸夏已然联合，国与国之间由原来的敌对状态进入相互联合的状态，一直到太平世，原来的夷狄之国也开始崇慕仁义，此时仁义文化被普遍接受，夷狄也都成为诸夏，诸夏即接受礼义文化的国家族群。如此，全世界普遍平等，没有了国界，没有了种族区分，这就是"天下远近小大若一"，就是世界大同。

三世之间的治理形态也不一样，民众的智力道德素质也不一样，处于不断进化的状态。衰乱之中，唯有强力君主能结束无秩序状态，此时实行的政治制度是专制君主制度，人民的智力道德尚且处于初步阶段。随着民众素质渐高，升平世到来，君主制度不废，但是君主权力却受到限制，政治民主进一步发展，君主仅仅成为社会的象征。进入太平世，天下人人有士君子之行，人人都以仁义自勉，君主制度被废，选举制度普行。这是熊十力历史哲学中对三世说政治教化的进化想象。

熊十力《春秋》思想讲明了儒家政治的核心价值，第一是仁义，重视义利之辨。对儒家来说，学者普遍认为儒家的核心道德观念就是"仁义"。《春秋》本仁为治，贵义贱利。《春秋》认为天子好利，则诸侯贪；诸侯贪，则大夫鄙；大夫鄙，则庶人盗。如此国家风气大坏，《春秋》深讥。第二是重权变，与时俱进。《春秋》本为史事，人类历史从茹毛饮血阶段到工商贸易阶段，从家庭到民族国家，都被《春秋》学家拢入三世的历史阶段，同时还极为重视人类不同发展阶段的不同做法，显示了重视历史现实的灵活性。守经重权是公羊学的重要义理，守经强调对孔子所立大经大法和儒家基本法则的遵守，重权则是要根据具体情况来调整自己的具体策略。现实总是变动不居的，历史中的变化总是充满了不确定性、多样性，应当根据儒家的基本义理和复杂多变的现实进行实际的行动。经是常道，是长久不变之理，权则是对经的灵活运用，体现了经的灵活性和普遍性。第三是儒家革命说，倡导民主、平等。熊十力认为《春秋》贬天子、退诸侯、讨大夫，孔子打破阶级差别，有教无类，都是扫除不平等、实行民主、实现天下一家理想的体现。熊十力解释《春秋》"拨乱反正"一词时说，拨乱世，即是行革命，反之正，就是明示天下为公的大道，为全人类开创万世太平的基础。第四是和平精神。《春秋》提倡国家间平等交往，厌弃侵略行为，对于国家之间互修盟好的行动一般都予以褒扬，对于国家间的战争行为，一般都谴责之，这正是《春秋》任德不任力的体现。第五是天下大同、人类一家的终极理想。《春秋》三世说的太平世是儒家社会理想的集中体现。人类进至太平世，国界种界都消除了，天下归仁，万国崇义，人类达到了普遍平等的状态，剥削、压迫的情况都离人类远去，这是儒家终极的价值关切。

　　《春秋》只是揭示了人类发展的基本蓝图，而具体采取怎样的制度，则付之阙如。熊十力认识到这种情况，认为孔子思虑深远，体系完备，已经规划了由据乱至升平到太平的具体制度，这个具体制度就体现在"三礼"之一的《周礼》当中。在六经中，"三礼"之一的《周礼》最为晚出，到汉末刘歆方才置于学官，刘歆认为《周礼》是"周公致太平之迹"，为周公所作，反映的是周公制礼作乐的史实，这种观点被后世古文学家所接受；而今文学家则不承认《周礼》的经典地位，东汉今文家何休就认为《周礼》是"六国阴谋之书"，至民国时期，还有人以为《周礼》乃战国法家著作，可说是众说纷纭，莫衷一是。不过总体来看，《周礼》为周公所作的观念在历代学者中间是比较主流的认识，近代最著名、成就最大的《周礼》学者孙诒让（1848—1908）也深信《周礼》为周公作一说。而熊十力讲《周礼》可说是截断中流，他否认了"《周礼》为周公作"一说，而认为《礼经》为孔子创作者，惟《礼运》《周官》（即《周礼》）二经。将《周官》一经讲为孔子所作，认为《周官》是经孔子口授传于七十子，孔子因为《周官》有威胁统治者的内容，所以托于周公所作，这可说是熊十力的创见，当然这种说法并非熊十力一人独发，晚清大经师廖平及其部分弟子也有此说。熊十力持这种看法，当然也受到当时考据学者的怀疑，不过熊十力对自己的学术判断十分坚持，尽管他的论据更多的是自己的一种推断，并不坚实。通过将《周礼》纳入孔子著作的范围，熊十力的"外王"体系建设有了更为确实的基础，他把《周官》视为孔子拨乱反正、开太平大同之基的改制之作。《周官》是升平世之制，奉行《周官》之制，可渐至太平大同。《周官》不仅是拨乱之制，更是达致大同社会的必行之制。刘小枫这样评价熊十力眼中的《周官》："这部经典已经全面而又具体地呈现了自由民主共和政制的制度安排，堪称孔子的'大同书'。"[1]

在《原儒》一书中，熊十力对《周官》"粗举大义数条"，反映了他对《周礼》的整体认知。第一，"《周官》之治道，大要以均为体，以联为用"，此处熊十力提出《周官》的"均""联"两大宗旨。"均"体现了《周官》经济上的均平理想，正如王安石所说，《周官》大部分说的是理财之事，也就是经济问题。《周

官》讲均平的地方非常多，比如冢宰的责任就是"帅其属而掌邦治，以佐王均邦国"，又如地官小司徒的职责是"均土地以稽其人民而周知其数"，这反映出《周官》在经济上注重解决贫富不均的问题，体现了重视民生、以民为本的务实精神。熊十力把《周官》所体现的均平制度称为"破除了私有制"的体现社群精神的"均产制"，有时熊十力也以社会主义称之。"联"体现在《周官》的国家经济联系上，主张发展国与国之间的交通和经济联系；在国家内部的官职设计上，六官虽然各有职掌，但是也是相互联系，又统一以天官总其成。"联"体现了中国先民对于万事万物相互联系的认识，所以在对事情的处理上，注重事物之间的联系，能够统筹兼顾，分清主次先后，轻重缓急，这种思想认识在今天也值得重视。

第二，"《周官经》为拨乱起治之书"，这一点在前面关于《周官》性质的论定上曾屡次提及，熊十力认为《周官》乃是为太平世立基之书，尚不是关于太平世之制的论述，更近于达致升平之世的制度，不过这种制度体现的精神已经为人类追求大同太平盛世打下了坚实的基础。

第三，"《周官》之政治主张在取消王权，期于达到《春秋》废除三层统治之目的，而实行民主政治"，这一点体现了熊十力对于民主政治的肯定。《周官》有小司寇一职，负责外朝三询之法，也就是征求民意，其中有"询立君"一条，熊十力认为这反映了《周官》主张，国君的设立，必须经过万民的同意，不然不能被立。《周官》的地方制度已很严密，王国下有六乡、六遂，郑玄认为王都周边百里内分为六乡，百里外分为六遂，乡、遂是同级的低于中央政府的地方组织。乡、遂之内的官员，每三年就大比一次，由民众选贤举能，选举出其中的优秀者赴中央任职，这是地方上的选举制。另外，《周官》特别注意民众的道德、技能和法制教育。在乡里之间，每年都有固定的时间举行民众大会，总结一段时间以来道德品行特别突出的人，以起到移风易俗的作用。同时还有固定的学习国家政府法令的集会。还有比如工人之间的职业组织、农民之间的职业组织等，可以交流知识技能，提高技能经验。

第四，《周官》的社会理想，一方面本《大易》格物精神，发展工业，另一方面逐渐消灭私有制，一切事业归国营，最终实现天下一家。熊十力特别痛惜《周官·冬官》的佚失，因为冬官的职责是"富邦国，养万民，生万物"，熊十力推想冬官职责就是掌管工业生产事业和科技研究，这反映了《周官》重视工业生产和器物制造，扭转了我们原来以为儒家仅重农耕的偏见。产业的国营制反映了《周官》经济制度的社会主义性质，这种产业经济的国营性质是全面的，涉及众多方面，土地国有，大的工业生产部门也实行国有，金融与产品流通机构（商业）也由国家经营。这种思想可能受到熊十力写作《原儒》时代的影响，熊十力写作此书是在二十世纪五十年代中后期，中国正在进行社会主义改造，熊十力对《周官》社会主义性质的诠释，是他试图会通儒学与社会主义思想的尝试，也反映了他通经致用，以经学来指导社会改革的意图。

通过对《周官》的阐释，熊十力将科学、民主等现代价值纳入儒家体系之中，又在经济政策上与社会主义进行沟通，"凡百生产事业，无小无大，皆有官领之，督其功而责其效，其事至纤至悉"[1]。期望通过社会主义经济政策，达到均平之效，无贫富之患。

《周官》是儒家制度学的典范著作，熊十力发挥《周官》制度理想，与西方传入的民主和社会主义思潮相沟通，进一步夯实了他的经学体系，使他的大同理想不再是空中楼阁，而有了现实的操作空间。通过对《周官》的诠释，他的大同儒学的"内圣外王"体系可以说正式搭建完成，既有《易》的形上体系为基础，也有《春秋》的理想价值追求，还有《周官》的具体实施措施。可以说在公认的现代新儒家群体里，熊十力的儒学理论真正做到了符合儒家"内圣外王"要求，他凭借传统的儒家经典，而非借助西方的某种时髦理论，对儒学的"返古开新"做了现代拓展。

四、大同理想的历史实践：钱穆的大同思想

著名史学家钱穆也认为中国文化的最高理想就是天下太平、世界大同。

钱穆的学术进路与哲学家牟宗三、唐君毅不同，钱穆是史学

1　熊十力：《论六经》，第32页。

进路，牟宗三、唐君毅则是哲学的进路。相对而言，牟宗三、唐君毅所受的西方理论影响较深，钱穆的传统意味更浓。这可能与钱穆没有上过西方建制的大学有关。

钱穆（1895—1990）是江苏无锡人，是自学成才的典范，他没有上过西式大学，1910 年，他进入南京私立钟英中学，后来因为武昌起义的革命风潮，学校停办，他也辍学了。第二年他就开始了近八十年的教育生涯，他从小学教起，历经中学、大学，先后任教于燕京大学、北京大学、清华大学、西南联大、齐鲁大学、四川大学、江南大学等知名高校。1950 年，他又在香港创办了新亚书院，后来又赴台任教。钱穆一生坎坷波折，但他始终坚持中国文化研究和教书育人工作。钱穆倡导对中华民族历史文化要充满温情和敬意，反对民族文化虚无主义。这种态度在民族文化饱受摧残的二十世纪是难能可贵的，新文化运动以后的中国学术史上，很少有人像钱穆那样一生都在为中华民族历史文化和民族精神辩护，他的学生余英时说他的一生都是在"为故国招魂"。

虽然钱穆单独提及大同思想的文字不多，但他对大同思想给予了充分肯定。他认为中国文化的基本理想就是天下太平、世界大同，这个理想在先秦时代得到确立，在以后的历史发展中成为中国文化向前演进的根据。这个理想以《中庸》上的话来概括就是："天之所覆，地之所载，日月所照，霜露所坠，舟车所至，人力所通，凡有血气，莫不尊亲。"他在讲述中国文化时，时常提及中国人的最高理想就是建设一个世界大同、天下太平、全人类和平幸福的社会。由此可说中国文化是人文主义的，它没有狭隘的民族观和国家观，它的立场是世界主义的，中国文化的问题范畴从来也是以天下为基准去考察的。

钱穆是一个历史学家，他对大同理想的理解蕴含在对中国历史的描述中，这种方式与哲学家比如熊十力等利用经典著作建构大同的思想体系不同，一种是理论建构型的，采取的是哲学方式，一种是文化诠释型的，采取的是思想史方式。因此钱穆对中国大同思想的解释，为我们提供了一个独特视角。

钱穆认为中国文化所诞生的环境与其他文明古国不同，如巴比伦、埃及、印度等都是从小环境中发祥的，巴比伦和埃及的地形，都是单一性的一个水系和由此水系形成的土地肥沃的平原，印度最早也只是在印度河流域发展出文明，后来扩展至恒河流域，与巴比伦、埃及大同小异。而中国文化自始至终都在一个地形复杂且幅员辽阔的地面上进行发展，中国的水系复杂，虽然主体只是黄河、长江，但是当时的支流水系如汉水、淮水、济水、辽河、渭水、泾水、洛水、汾水等都相当多，在这些水系周边都孕育了灿烂的中华文明，这使得中国文化从开始就格局阔达，在这样的环境下，各地区的人民进行交往，就比较容易发展出对促进政治、社会团结等属于人事方面内容的才能。也正是在部落的各种形式的交流下，中国人逐渐形成了天下观念，这个天下自然就是指普天之下的所有地理区域，只是因为当时人们的地理认识局限，他们所认识的天下范围就是中国这一块区域。对于中国这一块大地，他们也不认为是一个国家，而是一个世界，是他们认为的"天下"，他们理想的"天下"秩序，就是太平的、大同的，无论这一"天下"的政治形态表现为西周"诸侯封建式"的，还是秦统一六国以后采取的"郡县制式"的。

在钱穆看来，先秦时期的学术文化确定了中国文化天下大同的终极理想，先秦诸子中大部分人都是一种"天下主义"的文化态度，没有狭隘的国家主义。他说孔子一生遍游列国，虽然出身鲁国，想的却是行道于天下，造福于天下万民，也没有固定的阶级观念，实在是一个世界主义者。这种理想的理论阐述最典型的除了《中庸》的"天下血气，莫不尊亲"，还有《大学》中说的修身、齐家、治国，最后是落实到"平天下"这个层面。在春秋以前，古人对上古史的理解都是天下一统式的，从唐虞的禅让，到夏商的父子相继、兄弟相继，再到西周的诸侯分封，天下都是中央共主，此时的天下秩序是稳固的。周初有一两百个国家同时存在，但这么多国家，却都同时向着一个中心，就是周天子。这样的秩序形式持续了近一千五百多年。到了春秋时期，王纲解纽，礼崩乐坏，天下秩序崩坏，春秋霸主时代开始。"霸主"一词并非完全的否定性用词，钱穆认为霸业是华夏国家之间从原来的秩序解体以后寻求的一种新的团结形式，这种形式所依据的前提仍是原来已经存在的封建礼制。这种秩序类似于一种国际联盟，此联盟团体有自己的公法，他们在名义上依然以周王室为尊，在外部共同抵御夷狄等非华夏群体的入侵，在内部由霸主国主持处理国家之间的争议问题。但是随着国家间兼并活动的进行，国家数量越来越少，直至形成战国时代的七雄并立局面。于是各大国就想着像原来的周天子一样重新统一天下，这个事业最终由秦始皇完成。

秦始皇统一六国，先秦诸子天下大同的理想得到了进一步实现。秦以后的中国历史，钱穆认为都是在对先秦时期确立的大理想大目标进行各方面的进一步深入和推广。所以对钱穆来说，中国历史并非中国文化的变异史，而是中国文化不断推广、不断深入、不断充实的历史，他对中国的历史文化充满了信心。

他将中国历史分为四个阶段，第一阶段是先秦时代，第二阶段是汉唐时期，第三阶段是宋元明清时期，第四阶段是当代与未来。在先秦时期，中国文化的基本理想和信念已经确立下来，其中一个方面就是天下大同的理想。而下面历史的进程就是遵循此路向前推进。于是在第二阶段，汉唐时期，秦始皇统一天下，组成了一个世界政府，大同政治层面初步形成，下面主要做的工作就是规划实践政治、社会基本制度，为个人的个性发展奠定坚实的外部基础。钱穆也将此阶段称为"政治与经济"时期。在钱穆对这个时期历史的描绘中，我们可以看出他对中国文化政治经济理想的理解。不同于其他近代学者对中国历史制度的负面描述，钱穆对汉唐制度充满了理解与同情。近代的自由主义学者提及中国的制度文化，一般都以君主专制来概括，从而将中国的历史制度文化一概抹杀，造成的客观后果是一提及中国历史，给人的印象就是一段君主专制权力不断加强的历史。钱穆十分排斥这种虚无主义的历史态度，他认为汉唐时期的政治社会的制度建构，其成就是十分巨大的，用"君主专制"一词概括并不准确。他认为秦汉以后，中国社会已经没有所谓特权阶级的存在，在政府里面任职的官员，也不是由贵族充当的。汉代制度要求先入学校接受教育，毕业后入政府历练，担任"吏员"，如果做出了相当的成绩，有了娴熟的行政经验和技能，就会被推举到朝廷，再经一道考试，合格就可以正式担任政务官。这一选官制度后来又演变成科举制。至于官阶升迁，则由相关部门核查为官成绩而定。学员所学内容即是五经。此制度到汉武帝时方完成，钱穆称之为"文治政府"，他认为这代表着中国传统观念的理想政府的实现，相比于以前的贵族政府、军人政府，不能不说是中国制度史的一次大进步、大成功。他认为这种政治制度有几个特征：

（1）皇位世袭，象征着天下一统。

（2）丞相辅助皇帝，为政府领袖，担负实际行政责任，选贤与能。

（3）全国官吏皆由公开标准考选，必要条件是受过国家指定教育，有下级行政实际经验。

（4）入仕员额，依各地户口数平均分配。

（5）全国民众，在国家法律下一律平等，纳赋税、服兵役，均由法律规定。

（6）国内取消贵族特殊权利，国外同化蛮夷低级文化，期求全世界更平等更和平之结合。[1]

　　这些制度，都有政府法律规定，皇帝也不能修改，由此可以看出虽然有些制度运行不能符合中国政治哲学的所有理想，但仍然是一个巨大的进步。

　　经济层面的制度，中国文化关注的一直是集中于解决社会经济贫富不均的问题。六经中所言理想的井田制是如此，汉以后同样也是如此。钱穆提到，从秦始皇到汉武帝主要是重新确立中国的政治制度，待"文治政府"制度成立后，社会经济的贫富不均问题又逐渐浮现。对此，武帝时期将有专利的大商业交由政府经营，而且从事商业活动的人也要交很重的税。不同于西方人近代的商业资本主义，中国一直以来奉行的都是类似于"民主社会主义"的经济政策，此种政策不鼓励大富，而是希望在满足基本经济需求的前提下，人生能向更为高级的层面去发展。之所以采用"衰富而益不足"的社会主义经济政策，钱穆认为是因为中国历来经济理论的影响。《礼记·礼运》篇说："人不独亲其亲，不独子其子，使老有所终，壮有所用，幼有所长，矜寡孤独废疾者皆有所养，男有分，女有归。货恶其弃于地也，不必藏于己；力恶其不出于身也，不必为己。"董仲舒也认为："大富则骄，大贫则忧。忧则为盗，骄则为暴，此众人之情也。圣者则于众人之情，见乱之所从生，故其制人道而差上下也，使富者足以示贵而不至于骄，

<hr />

1　钱穆：《中国文化史导论》，北京：商务印书馆，1994年修订版，第107页。

贫者足以养生而不至于忧，以此为度而调均之。"(《春秋繁露·度制》)所以中国思想历来主张一种政府有限干预下的调均观，使人民财产达到均平。这种均平自然不是绝对的平均，而是允许一定限度内的差别贫富。这个限度，使穷人也有其最低的保障，富人也有其最高的限制。而基本的经济需求满足后，则应该去追求更高层次的文化人生，不应以专门追求财富作为自己的人生目的。钱穆关于中国经济政策的社会主义或"统制经济"的说法，可以与熊十力认为《周官》经济制度是社会主义制度的判断相印合，由此可以看出，儒家学者是不太赞成纯粹商业经济、资本主义的，儒家始终对人民的均平经济生活给予相当高程度的关注，儒家文化的经济主张对中国选择社会主义道路恐怕也有不小的潜在影响。

汉唐两代奠定的政治社会制度，带来了政治一统、社会平等的局面，宋代以后的政治社会都没有逃出汉唐时代的成规，政治社会制度的建设理想已经基本实现，所剩的问题也只是实践的程度问题。于是，在宋明时代，大的社会建设问题解决后，中国人的精力逐渐转移到发展自我的个性上面，也即让自己的个人生活更加丰富、有乐趣，但中国文化一向不追求武力的进步，也不主张对财富有过度的贪欲，于是这种个性的发展主要集中体现在文学和艺术领域。文学艺术的发展表现在文学艺术由原来的贵族阶级垄断到平民社会共享，内容由原来的描述神鬼祭祀等到开始表达自己的日常情感，都体现出中国文化内涵的不断扩展。比如从唐代开始，中国的诗歌文化大发展，中国的各个文人画派也从此时开始涌现，到了宋明时代，词曲、陶瓷、建筑等日渐精致素朴，从此可以看出平民生活的发展。这是中国历史第三时期的发展。

至于第四时期，也就是西方文化逐渐影响中国社会，甚至成为中国社会主流的情况下，钱穆是如何论述这一时期的中国文化的发展的呢？我们知道，钱穆一生最关注的问题实际上就是中国文化如何应对西方文化，中国文化对整个世界到底有何贡献。钱穆晚年双目失明时依然坚持写了《晚学盲言》一书，中心内容就是在中西文化的比较中探索中国文化的发展问题。钱穆对中国文化的发展非常自信，他高度肯定中国历史前三个阶段的发展，认为中国以前历史的发展为中国奠定了良好的政治社会基础和个人发展的可能性基础，不论是群体共享环境方面还是个别方面，都有了中国文化自己的具有普遍性的阐述。即使西方文化传入中国，所起的作用也可能就是在"四围的物质环境上来尽量的改善和利用"，他称这个阶段是"科学和工业时期"，也就是利用西方的科学理论和技术应用，在已有的中国文化的基础上，更加推广完善中国文化，这可以说是钱穆版本的"中体西用"说，钱穆预料，如此，中国人天下大同的理想就更近了。

通过钱穆对中国历史文化的梳理，我们看到他对中国文化历史意义的努力探索。他在《国史大纲》中曾经对当时的史学流派做过区分，分别是传统派、革新派和科学派。传统派如柯劭忞、邓之诚、余嘉锡等以记诵的方法治史，熟悉历朝典章制度，也善于进行校勘辑录的工作。科学派主张"以科学的方法整理国故"，如胡适、傅斯年等，但这两派都不能说明历史的意义，使得他们的历史观缺乏系统性，历史对于他们来说，不过是一堆历史材料，对现实一点意义也没有。只有革新派试图说明历史的意义，但革新派勇于吸收西方的理论，却对自家的历史相对有隔膜，甚至忽略历史事实，以理论对中国历史横加切割，或说中国历史可以用"专制黑暗"来概括，或说中国历史不过儒家独尊、学术文化不曾发展的一段历史，或说中国历史两千年来都处于"封建时期"，这些看法将中国历史文化的复杂性、多元性、包容性一笔抹杀，完全看不到中国历史文化的优越性所在，在钱穆看来，这不免是一种民族虚无主义的表现。钱穆不同于近代以来的多数历史学家，他把中国历史描述为在中国文化崇高理想——天下太平、世界一家——指引下的在不同层面次第展开的丰富的中国文化史。在这段文化史的描述中，钱穆为中国文化的制度建设和文艺发展作了有力辩护，提出了继续发扬中国文化精神的期望，这一点也是现代新儒家共同的志愿。不过，其他现代新儒家往往借助中国已有道德理论来构建哲学体系，以接引西方价值，造成的客观后果往往是对自家历史形成一种否定，熊十力对中国古代的学术和制度发展就持一种批评态度，这种态度在熊氏弟子当中也延续了下来，而钱穆对中国历史和中国文化的双重肯定和交互式阐释，在康有为以来的近现代儒家中都是不多见的，是很值得重视的一种学术进路。

钱先生还认为中国人有世界和平、天下大同的理想，这与西方人极为不同，西方人受宗教影响，他们的终极理想总在彼岸世界，而中国人始终在此世界进行安排。世界理想的达成，除了上述汉唐时期的制度安排，中国人还特别强调个人修养的重要性，《大学》讲治国平天下，基础就是落在"修身"上，要从自己的"德性"上做起。中国文化认为人性本善，人皆可以为尧舜，并不是社会在经济上面变好了，战争不起，大家普遍平等就是最高层级的世界大同了，而是大家尽性知命，发现自己的善性，达到自己的人格德性最高境界，这才是大同太平的世界。

由此我们可以看出，钱穆文化史学笼罩下的以儒家思想为内核的大同观的基本理念，就是群体社会政治层次的建设——民主的文治政府建设、平等的社会主义经济制度，个人个性层面的发展——文学和艺术等促进生活的艺术化，以及以上两个层面引领的科学和生产力的发展，最后则是中国文化的道德哲学。这四个方面构成了钱穆大同观的基本内涵，也是钱穆对中国文化如何应对西方现代化挑战给出的精彩回答，直到现在，他的学术见解仍然值得我们学习和研究。

五、万邦协和，四海一家：牟宗三与唐君毅的大同思想

牟宗三、唐君毅是第二代新儒家中的杰出代表，两人同是熊十力的弟子。牟宗三是山东栖霞人，唐君毅是四川宜宾人，两人

在学术上、生活上都相互扶持，是莫逆之交。1949 年，唐君毅来到香港，协助钱穆创办了新亚书院，牟宗三则去了台湾。1958年，两人联合张君劢、徐复观发表了《为中国文化敬告世界人士宣言》，宣扬中国文化的价值，影响很大。牟宗三、唐君毅非常重视中国的道德哲学，力图以中国的道德形上学为基础来构建自己的哲学体系，适应新时代的发展，推动儒学的复兴。两人对儒家大同思想的看法也有很多相似之处。

　　牟宗三作为极具创造性的思想家，在大同思想方面也有自己的思考。在政治层面，他批评中国历来只有治权的民主，而没有政权的民主[1]。牟宗三以为"天下为公，选贤与能"自然是治权上的民主，但"似不当只限于治权方面，亦必扩及政权方面"[2]。他认为《礼运·大同》包含了政权与治权两个层面民主的含义，只是"未能详细分疏"，不免流为一"普泛之理想"。在经济层面，他认为"货恶其弃于地也，不必藏于己；力恶其不出于身也，不必为己"这句话体现了经济方面的均平理想，与社会主义相类似。同时，"大同"不仅仅限于政治与经济，它必须以普遍的德化意识，即"仁"为根据。不然大同就会沦为一种量的、物质化的、粗劣的大同社会。

　　牟宗三不像康有为、熊十力那样将大同小康两者对立起来，这在他对"礼"的阐释中有所体现。他说："礼代表人之精神、理

1　政权相对于政道而说，治权相对于治道而说。政道即安排政权之道，牟认为古代中国政权"马上"得之，然后宗法世袭。治道为具体治理方法。参见《政道与治道》。

2　《牟宗三全集·政道与治道》，台北联经出版事业公司，2003 年，第 12 页。

想以及人类之价值观念。如是，礼之运即是历史之精神表现也。即以精神表现、价值实现，解析历史也。"[1]而大同就是礼在历史发展中要逐步实现的理想。不仅小康之时要谨于礼，大同之时也不可不有礼。礼什么时候都不能缺少，什么时候都不能不严格遵守。大同与小康在礼的意义上有继承的关系。也是在这个意义上，牟宗三不像康有为、熊十力那样把大同设定为一个无国家、无家庭的社会，他把大同视为对家庭和国家的一个发展，必须在对家庭、国家肯定的意义上实现大同，而不是最终否弃家庭、国家。他将大同视为国家范围的扩大，"由国家扩大一步，认识人间之'天下'，即'大同'。这个亦可视为一种组织，乃国与国间的实际生活之结合"[2]。这样的大同描述较之康有为、熊十力平和了许多，少了一些狂想成分。

不管是家庭、国家，还是天下（大同），都是道德理性（仁）的发展表现。"道德理性的实现，必然要经过家庭国家之肯定始能扩至于天下，即大同。"[3]而且"仁"并不止于此，"仁者与天地万物为一体"，"仁"的扩大必然要扩展至宇宙万物。所以道德理性发展的层次从家庭、国家、天下一直到宇宙。家庭之所以必须得到肯定，乃由于"家庭是人伦人道的起点"，也是"表现道德理性最具体而亲切之处"。我们首先在家庭的孝悌之间体会到仁，仁化

---

1 《牟宗三全集·政道与治道》，台北联经出版事业公司，2003年，第13页。

2 《牟宗三全集·道德的理想主义》，台北联经出版事业公司，2003年，第76—77页。

3 《牟宗三全集·道德的理想主义》，台北联经出版事业公司，2003年，第78—79页。

流行的场所首先肯定是在家庭。走出家庭,仁之"情"的成分减少,而进入"义"的领域,此时道德理性的表现精神是客观精神,客观精神逐步扩展以至天下(大同)。天下大同,就是国与国之间实现了和谐的关系,"和协万邦"是也,这也就是《大学》所说的"平天下",牟宗三将这个"平天下"的精神视为"道德理性之在人间现实上的绝对实现"[1],是"现实上的绝对精神"。由此他以康有为为例着重批评了对于大同的粗劣的、量的、物质化的理解,因为康氏否弃家庭国家,让人成了单独个体,生活成了穿衣吃饭和情欲的放纵,从而使人的情感失去了道德意味,牟宗三称之为"痴呆大同"。

可以说,牟宗三的大同思想很具现实意义,他的大同理想显得宏阔而又平实,他将大同看作国与国之间的和谐,是"仁"的精神在人类社会的最终落实,这不正是如今我们关于"人类命运共同体"的呼吁吗?"和协万邦,天下大同"是儒家思想一直以来的追求,牟宗三说:"民族国家世界大同在道德实践的精神发展下综和起来,统一起来。"[2]这表达了他对实践仁义精神,必能实现世界大同的信心。

作为牟宗三学术上的同路人,唐君毅也同样认为世界大同是中国文化的最高理想,中国政治的最高理想就是大同之世,大同之世协和万邦,四海一家。唐君毅在《中国哲学原论——原道篇》

---

1 《牟宗三全集·道德的理想主义》,台北联经出版事业公司,2003 年,第 82 页。

2 《牟宗三全集·道德的理想主义》,台北联经出版事业公司,2003 年,第 87 页。

中提及了《礼运·大同》，他虽然认为《礼运·大同》的文字肯定晚出，受到了墨家的影响，但不能说它不是孔孟的思想，孔孟的思想可以将大同思想涵摄进来。在大同与小康的关系上面，他与牟宗三一样，不把大同与小康对立起来，而认为两者是不同的发展阶段。在大同的实现层面，他与牟宗三的见解也很相合，都很重视家庭的作用，唐君毅说中国哲人都是想以家庭的精神来运用于政治，将国家天下中的人际关系化成如父子兄弟之间的关系，这也是儒家仁道的精神不断扩展的进程。

　　与众多现代新儒家对大同思想的赞赏不同，梁漱溟怀疑《礼运》大同说的真实性，他认为《礼运》对大同的描述还是在向外执求，是一种计较计算的态度。梁漱溟认为儒家的精义就是过一种仁而无忧的生活，这种仁是情感的自然生发，不是理智的计较算计。梁漱溟是从形而上学的意义上去判断大同说的真伪的，而不是从考证学的角度，这是哲学家的判断态度，依赖的是他对儒家整体思想的把握。梁漱溟对大同的怀疑性描述也是只言片语，他可能也是现代新儒家内部少有的对大同思想持否定态度的学者。

结语

 纵观古代到近现代大同思想发展史，可以说这也是一部微型的儒学发展史，特别是近代以来，儒学的重大发展都离不开对大同思想的重新阐释，廖平、康有为的经学是这样，熊十力、钱穆的学术思想也与此相关，孙中山、李大钊等人的政治实践活动的动力一定程度上也源于他们对大同社会理想的向往和追求。近代以来，中国人民前赴后继、抵御侵略，追求民族的独立，国家的富强，这个历程也是中国人民追求大同理想的历程。

 儒学广大悉备，举其大端可有义理、制度两项。大致而言，宋学深探天道性命之理，以义理见长；汉代今古文经学多言礼制，"今古之分，全在制度，不在义理，以义理今古同也"[1]。当然这只是就汉宋学的特点而言，并不全面。言义理，所以尤重仁义，注重德性修养；言制度，所以尤重礼乐，注重政治实践。但两者本是不可分离的，仁义是制度建设的根据，制度是仁化流行的保证。宋儒言德性，也是为了追索文明秩序的合理性依据；汉儒穷经致

---

1 《廖平选集》（上），成都：巴蜀书社，1998年，第73页。

用，也不废个人修养。可以说，个体修身与社会制度在根本上有统一性，至善是两者的最终归宿。儒学的性与天道思想必然诉求一套相应合理的自由开放的社会制度，而社会制度的改善是对群体生命的安顿。

无论是康有为、廖平还是熊十力、牟宗三，都认为好的社会制度的形成和创设都应体现仁道。康有为说："孔子之道有三：先曰亲亲，次曰仁民，终曰爱物，……乱世亲亲，升平世仁民，太平世爱物。"[1]历史的发展可谓是"仁"道不断扩展的历史，由"亲亲"到"仁民"，再到爱宇宙万物，最后成一大同至仁之世。而社会治理的目的也不仅仅是为了丰衣足食、欲望的满足，更是为了良知显现、止于至善。孔子说："为政以德，譬如北辰，居其所而众星拱之。"（《论语·为政》）关于"德"，皇侃《论语集解义疏》曰："德者得也，言人君为政当得万物之性，故云以德也。"政治就是为了民众各得其性，各有其分。《礼运》所说"老有所终，壮有所用，幼有所长""男有分，女有归"也是表达了这种政治理想。孔子又说："道之以政，齐之以刑，民免而无；道之以德，齐之以礼，有耻且格。"（《论语·为政》）这句话表明了"德"和"礼"的统一性，要"德治"，必须配合以"礼"。有了有形之礼乐，"德治"才不显得虚幻。《礼记》中载："著诚去伪，礼之经也"[2]"是故先王制礼乐也，非以极口腹耳目之欲也，将以教民平好

1　康有为：《大同书》，北京：中国画报出版社，2010年，第238—239页。

2　《礼记正义》，北京：北京大学出版社，1999年，第1116页。

恶，而反人情之正也"[1]。可见礼乐正是为了使人情归之于正，滋养德性。所以考索先王礼制才如此重要，这也是廖平推阐今古学礼制的意义所在。

大同的精神就是仁的精神，仁者与天地万物一体，大同的精神就是体现了个人、社会与天地之间的一气贯通，不可分离，它要求我们以整体人类利益的视角去看待世界。大同儒学以社会、天下为本位，跳出了狭隘的血缘种族利益至上的观念，世界大同、天下太平是其根本指向。

近现代大同思想的含义是多面的，我们可以从多角度来挖掘大同思想的当代意义。大同思想首先体现了中国文化天下一家、万物一体的精神追求，这种精神不是个人主义的，也跳出了家庭、国家的局限，以人类的整体利益高于一切，体现了全世界乃一人类命运共同体的深刻见解。这种精神是中国文化仁爱精神的自然发展。仁强调人与人之间相互关系的重要性，孔子说仁者爱人，最普遍的仁就是将仁的对象扩大，从血缘亲情扩展至社会伦理，从社会伦理扩展至人对于自然的情感。仁爱精神、大同精神体现出万物共生共在，相互关联的宇宙观念，中国先哲提起圣人的境界，常说圣人是"以天地万物为一体，视天下犹一家、中国犹一人"，这种境界就像人的身体的整体，心脑手脚，每一部分都是相互协调，不能独立的。

大同思想是在中国近代遭受帝国主义侵略、国家积贫积弱的

1　《礼记正义》，第 1081 页。

特殊环境下得到蓬勃发展的，这使得大同思想也包含有一种政治哲学的内容，希望在中国寻求独立富强的过程中提供指导，同时使中国文化能在新条件下发展复兴。我们看到近现代思想家对于大同的诠释，体现出了他们对伦理价值、政治价值的不同选择。

康有为、谭嗣同等人的大同思想尤其突出了对于平等价值的追求。这种平等，不仅是经济平等，废除私有制，还有社会平等，即男女平等，实行家庭革命，废除婚姻制度，以及种族平等，民族平等。这种平等与自由主义的平等观存在某种区别，自由主义的价值排序将自由放在优先于平等的位置，对自由主义者来说，更多强调的是机会平等的理念，而对康有为来说，理想社会的实质平等是必须达到的，这应是人类追求的目标。当然，康有为也很重视自由问题，大同社会也容纳了相当高程度的个人自由，包括参与政治的自由、休闲娱乐的自由等。

熊十力很重视大同社会的民主面向，他动辄就斥责以前的儒家学者为"奴儒"，认为他们为统治者张目，不敢阐述孔子的革命真义，显示出他对专制制度的痛恨，对学者独立人格的重视。他反对小康礼教，正是因为礼教讲求君臣大义；他反感《孝经》，认为《孝经》是伪书，因为《孝经》将父子与君臣相比，由父子之义推至君臣之间，这是熊十力不能容忍的，这也体现出他对世间一切压迫、奴役情况的愤慨。

与熊十力不同的是，学者段正元（1864—1940）强调要建成大同社会，责任意识、义务伦理是非常重要的。他认为我们对于

"三纲"的理解都产生了误差，所谓"君为臣纲、夫为妻纲、父为子纲"，这个"纲"不是说君可以任意压迫臣，夫可以欺凌妻，父可以任意管制子，而是在强调凡是为人君、为人夫、为人父，一定要"整躬率物，以身作则"，强调的是关于君、夫、父的模范先导作用和他们的责任意识，其主要着重点在试图规范君、夫、父的行为，而非臣、妻与子。段正元说古人重纲之意，其实就是重视主事之人的责任，而不是他的威权。他也极为反感三代以后对三纲的错误理解，这导致为人君父者，自己专横跋扈，骄奢淫逸，反而却要臣子忠孝双全。这种情况正是三纲不正的表现。

同样，经学家廖平非常重视儒家的人伦观念，他认为人伦观念乃是人类文明的标志，西方不重视人伦，尚处于中国的春秋战国时。他特别重视中国的人伦礼教，认为"形上之道，唯我独优"，这个"形上之道"就是"人伦礼教"，这也是万国改良的要道，到达大同必须讲求的真理。段正元也认为孝悌是大同学问，是大同政治的本原，要实现大同，先要明白孝悌的道理。他对儒家伦理的重视，与康有为、熊十力在家庭方面的见解或对《孝经》的排斥形成鲜明对比，这也反映出大同的思想张力。

大同学说不仅是面对中国情况的论述，也是对世界未来的憧憬。全人类都向往一个富裕、公平、和谐、自由、诚信、和平的世界，没有贫困、欺压、对抗与战争，这是人类共同的未来梦想。但是人类的和平从未真正实现过，两次世界大战给人类整体带来了深重的灾难。战后又是东西方两大阵营的冷战对峙，世界时刻笼罩在战争的阴霾之下，虽然大国之间的战争没有发生，但是小国和地区之间的冲突不断。

费孝通先生说，在人类总体的发展过程中，群体之间相互隔绝地各自发展已经不可能了，群体之间的接触、交流和融合是历史的必然，这种交流必然产生群体与群体之间如何相处的问题。实际上，自从五百年前地理大发现后，人类并不曾真正有过和平共处的美好秩序，资源掠夺、利益争斗、侵略战争始终伴随着人类发展。费孝通先生在二十世纪末受到中国传统文化的启示，提出了世界文明和谐共处的十六字方针，即各美其美，美人之美，美美与共，天下大同。这种大同思想具体阐明了费孝通对于如何达到文明和解，最后到文明融合以致天下大同的方法。"各美其美"是说在人类进入现代社会之前，世界上的大小文明基本处于封闭状态中，自给自足，各自发展，由此形成各自的价值体系。"美人之美"是说大小文明体形成各自的价值体系，从而排斥与之不同的价值标准，在这种情况下，为了避免群体交流产生矛盾冲突，相互容忍对方不同价值观的存在，进而做到别人觉得美的自己也觉得美。这近似一种多元文化主义的主张，不过多元文化主义仅仅强调了各文化之间的不同和各自的存在价值，却忽视了对于天下大同的追求；这种多元文化主义更看重文化之间的多样性和差异性，却不赞成融合交流最终达到"同"的效果，因此费孝通又说了"美美与共，天下大同"八个字。"美美与共"就是强调我们在珍视自我文化传统的同时，也要加强群体之间的接触、交流和融合，在实践中找到各群体间能够共同接受的价值标准。由此"天下大同"的理想才可能达到。

面对不同文明间、不同国家间潜在以及已经产生的各种冲突，不少中国学者也像费孝通先生一样看到了中国传统文化"天下一家，世界大同"的时代意义。世界的和平发展，是全世界人民的共同愿望。中国的这种大同理想，肯定了人类的整体利益高于地区利益、单个国家利益的原则，我们要站在人类命运共同体的基础上来看待和规划世界的发展，这种"大同"精神对解决我们当前的国际问题也很有启发意义。

这种理念要求我们承认、理解、尊重各民族文化的差异性和多样性，对各国和各民族选择适合自己的发展道路和发展理念给予充分的支持和理解。各国的地理环境不同，历史文化各异，面临的发展状况也不一样，由此各国的政治经济制度、生活方式、文化理念也会有各种各样的差别，这种差别也展现了文明的多样性和丰富性。但是在现实中，也常有文化霸权主义的存在，这种主张强行推广自己的价值理念，不管各国的实际情况，往往造成国家间的冲突，对人民造成生命、精神和财产的损失。我们应放弃这种自我中心主义，尊重各国的自我发展路径。同时我们也要肯定人类共同理想的真实性，建立一个富裕、公平、道德的世界是人类共同的梦想。

"大同"的理念指导我们在国与国相处、文明与文明之间交流时，都要遵循平等友好、合作共赢的方针。强势文明不能压迫弱势文明，大国不能欺负小国，小国也不能要挟大国，大家要加强沟通交流，增强彼此的信任，求同存异，努力寻找共同信守的价值理念。

"大同"的精神反映了人类本质的亲和性。"大同"精神以"仁"的精神为根本支撑，仁的最初落实反映在"亲亲"之情的"孝悌"情感中，反映在父母兄弟自然的家庭场域中，"大同"的精神将仁的精神扩大，把整个世界看做一个大家庭，世界上的人虽然不同肤色、不同民族、不同国家、不同文化，但是都是"仁"性的拥有者，犹如都是兄弟姐妹。我们如果能以这种精神为指导，相亲相爱，和平共处，睦邻友好，那么文明间的和解、国家间的和平、民族间的融合将成为世界的主流，"天下一家"的理想也会慢慢变成现实。

参考文献

一、古籍类

[1] 李学勤主编：《十三经注疏》，北京：北京大学出版社，1999 年．

[2] 张岂之主编：《十三经注疏》，上海：上海古籍出版社，2007 年．

[3] ［东汉］许慎：《说文解字》，北京：中华书局，1963 年．

[4] 刘思禾校点：《老子》，北京：中华书局，2013 年．

[5] 郭庆藩：《庄子集释》，北京：中华书局，2013 年．

[6] 陆玖译注：《吕氏春秋》，北京：中华书局，2022 年．

[7] 袁行霈笺注：《陶渊明集笺注》，北京：中华书局，2011 年．

[8] ［清］李汝珍著：《镜花缘》，北京：人民文学出版社，2020 年．

[9] 汤漳平、王朝华译注：《老子》，北京：中华书局，2014 年．

[10] 钟泰：《庄子发微》，上海：上海古籍出版社，2002 年．

[11] 王树枏：《庄子大同说》，见方勇总编纂：《子藏·道家部·庄子卷》，北京：国家图书馆出版社，2011 年．

[12] 王利器著：《文子疏义》，北京：中华书局，2009 年．

[13] 陈广忠译注：《淮南子》，北京：中华书局，2012 年.

[14] 陈曦译注：《六韬》，北京：中华书局，2016 年.

[15] 杨朝明、宋立林编：《孔子家语通解》，济南：齐鲁书社，2009 年.

[16]［汉］董仲舒著：《春秋繁露》，北京：中华书局，2018 年.

[17] 杨寄林译注：《太平经》，北京：中华书局，2013 年.

[18] 陈伯君校注：《阮籍集校注》，北京：中华书局，1987 年.

[19] 戴明扬校注：《嵇康集校注》，北京：中华书局，2015 年.

[20] 王明校注：《无能子校注》，北京：中华书局，1981 年.

[21]［清］严可均辑：《全上古三代秦汉三国六朝文》，北京：中华书局，1965 年.

[22] 曾枣庄、刘琳主编：《全宋文》，上海：上海辞书出版社，2006 年.

[23]［宋］黎德靖编：《朱子语类》，北京：中华书局，2020 年.

[24]［宋］邓牧：《伯牙琴》，合肥：安徽文艺出版社，2011 年.

[25]［宋］李觏：《李觏集》，北京：中华书局，2011 年.

[26]［宋］卫湜：《礼记集说》，见《景印文渊阁四库全书》，台湾商务印书馆，1983 年.

[27]［北齐］魏收：《魏书》，北京：中华书局，1997 年.

[28]［明］海瑞：《海忠介公集》，清康熙刻本.

[29]［清］黄宗羲：《黄宗羲全集》，杭州：浙江古籍出版社，2011 年.

[30]［清］王夫之：《礼记章句》，长沙：岳麓书社，2011 年．

[31]［清］李塨：《李塨文集》，石家庄：河北人民出版社，2011 年．

[32]［清］杭世骏：《续礼记集说》，见《续修四库全书》，上海：上海古籍出版社，2002 年．

[33] 张沛撰：《中说校注》，北京：中华书局，2013 年．

二、近现代史料类

[1] 王韬：《弢园文录外编》，上海：上海书店出版社，2002 年．

[2] 胡礼垣：《胡翼南先生全集》，台湾文海出版社，1966 年．

[3] 王树枬：《拟世界大同学会简章》，《中国学报》第四期，1913 年．

[4] 黄遵宪著、钱仲联笺注：《人境庐诗草笺注》，北京：中华书局，2007 年．

[5] 胡珠生编：《宋恕集》，北京：中华书局，1993 年．

[6] 康有为著，姜义华、张荣华校：《康有为全集》，北京：中国人民大学出版社，2007 年．

[7] 康有为：《大同书》，北京：华夏出版社，2002 年．

[8] 谢遐龄编选：《康有为文选》，上海：上海远东出版社，1997 年．

[9] 陈焕章：《孔教论》，见《孔门理财学》，长沙：岳麓书社，2005 年．

[10] 梁启超：《饮冰室合集》，北京：中华书局，1989 年．

[11] 谭嗣同：《仁学：谭嗣同集》，沈阳：辽宁人民出版社，1994 年．

[12] 李耀仙主编：《廖平选集》，成都：巴蜀书社，1998 年．

[13] 舒大刚、杨世文主编：《廖平全集》，上海：上海古籍出版社，2016 年．

[14] 廖平：《六译馆丛书》，存古书局，1921 年．

[15] 广东省社会科学院历史研究室、中国社科院近代史研究所中华民国研究室、中山大学历史系孙中山研究室编《孙中山全集》，北京：中华书局，1982 年．

[16] 中共中央文献研究室、中共湖南省委《毛泽东早期文稿》编辑组编：《毛泽东早期文稿》，长沙：湖南人民出版社，2008 年．

[17] 朱谦之：《朱谦之文集》，福州：福建教育出版社，2002 年．

[18] 李大钊：《李大钊文集》，北京：人民出版社，1984 年．

[19] 郭沫若：《郭沫若全集文学编第 18 卷》，北京：人民文学出版社，1992 年．

[20] 余振基：《蒿庐问学记》，北京：生活·读书·新知三联书店，1996 年．

[21] 吕思勉：《吕思勉自述》，合肥：安徽文艺出版社，2013 年．

[22] 吕思勉：《中国文化思想史九种》，上海：上海古籍出版社，2009 年．

[23] 熊十力：《熊十力全集》武汉：湖北教育出版社，2001 年．

[24] 熊十力：《论六经》，北京：中国人民大学出版社，2006 年.

[25] 钱穆：《钱穆全集》，北京：九州出版社，2011 年.

[26] 钱穆：《中国文化史导论》，北京：商务印书馆，1994 年修订版.

[27] 牟宗三：《牟宗三全集》，台北联经出版事业公司，2003 年.

[28] 鞠曦主编：《段正元语要》，长春：吉林文史出版社，2003 年

[29] 刘咸炘：《推十书》，上海：上海科学技术文献出版社，2009 年.

三、研究文献

[1] 曾亦：《共和与君主——康有为晚期政治思想研究》，上海：上海人民出版社，2010 年.

[2] 黄万盛：《大同理想：时代的使命和责任》，《伦理学与公共事务》2007 年.

[3] 侯外庐主编：《中国历代大同理想》，北京：科学出版社，1959 年.

[4] 中国科学院哲学研究所中国哲学史组编：《中国大同思想资料》，1959 年.

[5] 陈正炎、林其锬：《中国古代大同思想研究》，上海：上海人民出版社，1986 年.

[6] 陈来：《中华文明的核心价值》，北京：生活·读书·新知

三联书店，2015 年．

[7] 陈来：《仁学本体论》，北京：生活·读书·新知三联书店，2014 年．

[8] 张自慧：《真相与启示：先秦儒家"均平"思想探微》，《孔子研究》2014 年 04 期．

[9] 周予同：《周予同经学史论著选集》，上海：上海人民出版社，1983 年．

[10] 洪辉阳：《大同源流》，2002 年厦门大学硕士论文．

[11] 吴义雄：《孙中山与近代大同学说的终结》，《中山大学学报论丛》1994 年第 1 期．

[12] 张礼恒：《胡礼垣的大同思想》，《江苏社会科学》2008 年第 1 期．

[13]（美）萧公权：《康有为变法与大同思想研究》，南京：江苏人民出版社，1997 年．

[14] 干春松：《康有为与儒学的新世》，上海：华东师范大学出版社，2015 年．

[15] 陈晋：《毛泽东文艺生涯》，北京：人民文学出版社，2014 年．

[16] 刘小枫：《共和与经纶》，北京：生活·读书·新知三联书店，2012 年．

[17] 吴燕南等主编：《中国近代社会思潮》第一卷，长沙：湖南教育出版社，2011 年．

[18] 刘其发主编:《近代中国空想社会主义史论》,北京：华夏出版社,1986 年.

[19] 崔海亮:《廖平今古学研究》,成都：巴蜀书社,2014 年.

[20] 李长春:《经典与历史——以〈知圣篇〉为中心对廖平经学的考察》,中山大学博士论文.

[21] 蔡德贵:《当代新兴巴哈伊教研究》,北京：人民出版社,2006 年.

[22] 张维为:《中国超越》,上海人民出版社,2015 年.

[23] 陈卫平:《大同：对社会主义的最初解读》,《思想与文化》2001 年.

[24] 伍非百:《墨子大义述》,上海：上海书店,1989 年.

[25] 郭沫若:《十批判书》,北京：人民出版社,2012 年.

[26] 李泽厚:《李泽厚对话集·中国哲学登场》,北京：中华书局,2014 年.